Michael Reinhardt

Durchzug

Die unbewussten Faktoren der Kommunikation und wie man sie nutzt

Verlag WeiterSein
Bönnigheim

Bibliografische Information der Deutschen Nationalbibliothek: Die Deutsche Nationalbibliothek verzeichnet diese Publikation in der Deutschen Nationalbibliografie; detaillierte bibliografische Daten sind im Internet über http://dnb.d-nb.de abrufbar.

Verlag WeiterSein
Robert-Bosch-Straße 5
74357 Bönnigheim
Deutschland

ISBN: 978-3-942534-01-7
1. Auflage 2012

Textbearbeitung: Christine Jaksch
Lektorat: Katharina John
Foto Gabriele Eckert: Birgit Terskow
Umschlaggestaltung: Schell & Partner
Druck und Bindung: kubbli GmbH
Printed in Germany

Inhalt

Einführung

Warum reden wir so gerne übers Wetter?

Was ist an dem Thema Wetter eigentlich so spannend, dass wir es immer und immer wieder aufgreifen? Fast jede peinliche Schweigeminute wird schnell mit unserem Lieblingsthema überspielt. Entweder ist es zu heiß, zu kalt, zu nass oder zu windig. Aber richtig gut ist es selten. Ist Ihnen das schon einmal aufgefallen? Was veranlasst uns denn, soviel über Dinge zu sprechen, die wir sowieso nicht ändern können? Sei es nun das Wetter, seien es die aktuellsten Katastrophenmeldungen, die wir doch nur aus dem Fernsehen kennen, oder irgendwelche alten Geschichten, die sich seit Jahren wiederholen und bereits mehrfach durchgekaut wurden. Wir suchen mit Vorliebe nach Gesprächsthemen, die wir nicht ändern können oder bei denen es um bereits Bekanntes geht. Glauben Sie mir nicht? Selbst beim Zeitungslesen lenken Sie Ihre Aufmerksamkeit immer zuerst auf die Dinge, die Sie schon kennen. Wetten? Wenn Sie als Fußballfan das Spiel letzten Samstag live gesehen haben, wird Ihnen der Spielbericht von genau diesem Spiel mit hoher Wahrscheinlichkeit zuerst ins Auge stechen. Sie können einfach nicht widerstehen, den Artikel noch vor allen anderen Meldungen zu lesen. Genauso ist es bei allen anderen Sachen auch! Beobachten Sie sich das nächste Mal einfach selbst, wenn Sie die Zeitung aufschlagen. Ihre Augen wandern schnurstracks zu den Themen, die Sie bereits kennen. Warum? Ganz einfach: Weil Sie sich damit identifizieren können.

Alle kommunizieren. Warum eigentlich?

Haben Sie sich schon einmal Gedanken darüber gemacht, warum Sie mit anderen Menschen überhaupt sprechen? Mit Ihren Kindern, Ihrem Chef oder mit dem Nachbarn? Der gängigen Vorstellung nach, die sich auch in bekannten Kommunikationstheorien wiederfindet, dient die Kommunikation einzig und allein dem Austausch bzw. der Übermittlung von Informationen. Diese These gilt nicht nur für den menschlichen sprachlichen Kontakt untereinander, sondern auch für alle Massenmedien. Vordergründig betrachtet ist sie völlig richtig. In der Regel gehen wir davon aus, dass der Austausch von Informationen unser Leben in vielerlei Hinsicht erleichtert. Klar, wir gewinnen neue Erkenntnisse und finden manchmal auch ganz neue Ansätze. Wir erfahren die Meinung eines anderen Menschen und einige Probleme lassen sich sogar gemeinsam lösen. Das sind alles logische Argumente. Könnte es nicht dennoch sein, dass Kommunikation darüber hinaus noch ganz andere Zwecke verfolgt und auch anders funktioniert, als wir zunächst vermuten?

Dieses kleine Büchlein wird Ihnen verschiedene Zusammenhänge aufzeigen, die Sie vermutlich so bisher noch nicht gesehen haben. Vieles werden Sie leicht durch Ihre eigene Beobachtung verifizieren können. Anderes ist weniger offensichtlich, da es sich in unserem Unterbewusstsein abspielt.

Behalte dein Blech!

Es gibt doch tatsächlich Menschen, denen können Sie einen Klumpen Gold vor die Füße werfen und sie weigern sich strikt, das Gold aufzuheben. Was ist so schwer daran? Prinzipiell rein gar nichts. Meistens wollen diejenigen bloß nicht einsehen, wie wertvoll Ihr Geschenk ist. Im Gegenteil, solche Menschen beschimpfen Sie unter Umständen sogar noch und schmeißen Ihnen das Gold regelrecht empört hinterher.

Nun werden Sie sagen, Sie würden das Gold sicher nehmen, aber ersetzen wir den Begriff Gold nur einmal zum Spaß durch etwas anderes, wie zum Beispiel ein Produkt, einen Ratschlag oder eine Meinung. Klingelt es schon bei Ihnen? Sicherlich haben Sie bereits Erfahrungen dieser Art gemacht. Das haben wir nämlich fast alle! Wir unterhalten uns, geben eine Meinung kund oder sprechen eine Empfehlung aus. Ist der Sachverhalt dabei wirklich von Bedeutung? In den meisten Fällen wird er von unserem Gegenüber erst gar nicht geprüft. Das ‚Gold', unsere Meinung oder unser gut gemeinter Ratschlag wandern bei bestimmten Menschen nämlich grundsätzlich sofort ‚in den Müll'. Es lässt sich sogar beobachten, dass die Reaktion umso heftiger wird, je brauchbarer die angebotene Lösung scheint. Eigentlich ziemlich suspekt. Finden Sie nicht? Man könnte fast den Eindruck gewinnen, dass die Reaktion gar nichts mit dem Nutzen des Angebotenen zu tun hat. Wenn Sie solche Situationen einmal Revue passieren lassen, wird es Ihnen vielleicht auffallen, doch in dem Moment sind Sie vermutlich einfach befremdet über die Reaktion Ihres Gesprächspartners.

Was haben wir vergessen?

In der Rhetorik glaubt man mittlerweile zu wissen, dass die Wahrnehmung und Aufnahme des Gesagten lediglich zu sieben Prozent von den gesprochenen Worten abhängt. Den weitaus größeren Einfluss haben Gestik und Mimik, Körpersprache und der

Tonfall unserer Stimme. Dieses Wissen wird uns von vielen Seiten vermittelt, doch das ist nur die halbe Wahrheit! Hier werden noch weitere sehr wichtige Faktoren außer Acht gelassen. Es sind Dinge, an die wir oft nicht einmal ansatzweise denken. So haben die soziale Struktur und die Beziehung, in der die beteiligten Personen zueinander stehen, einen weitaus größeren Einfluss auf die Kommunikation, als wir zunächst vermuten. Unbewusste Glaubenssätze, Erfahrungen und die persönlichen Einstellungen aller Beteiligten treten in Wechselwirkung und beeinflussen das Ergebnis jeder Kommunikation maßgeblich. Wie kann es sein, dass uns solch offensichtliche Tatsachen entgehen? Auch machen zum Beispiel sehr charismatische Persönlichkeiten deutlich, dass beim erfolgreichen Kommunizieren mehr im Spiel ist als das, was in Rhetorikkursen abgesehen vom gesprochenen Wort geschult werden kann. Wenn sie den Raum betreten, verändert sich etwas. Wir hängen ihnen fasziniert an den Lippen – unabhängig von dem, was sie sagen. Solche Menschen haben eine besondere Ausstrahlung und ziehen uns regelrecht in ihren Bann. Daran erkennen wir doch sehr schön, dass gelungene Kommunikation zum Großteil von den nicht beachteten Faktoren abhängt!

Wie komme ich zu dieser kühnen Schlussfolgerung?

Ganz einfach, ich habe mich in den letzten 30 Jahren regelmäßig mit Produkten, Projekten und Techniken beschäftigt, die nicht dem gesellschaftlichen und wissenschaftlichen Mainstream entsprachen. Solche Dinge haben schon immer eine besondere Faszination auf mich ausgeübt. Zum damaligen Zeitpunkt, etwa zu Beginn der 1980er-Jahre, waren bestimmte

Technologien u. Ä. noch sehr neu. Fast niemand wagte es, sich mit diesen Dingen auseinanderzusetzen, da sie im Allgemeinen als zu riskant oder gar unmöglich eingestuft wurden. Viele unserer heutigen Erkenntnisse waren noch undenkbar und kaum einer wollte sich überhaupt nur vorstellen, dass gewisse Dinge tatsächlich funktionieren könnten. In jenen Jahren wurde ich in meinem damaligen Job im Vertrieb und im Management sehr häufig mit bestimmten Kommunikationsphänomenen konfrontiert, ohne dass ich sie damals verstand. Erst in den letzten Jahren, in denen ich mich immer mehr mit unbewussten Prozessen befasst habe, sind mir die Zusammenhänge klar geworden.

Hinzu kommt, dass ich mit neun Geschwistern groß geworden bin. Wie Sie sich vorstellen können, war das ein Experimentierfeld der besonderen Art. Die sozialen Beziehungen innerhalb einer Familie sind definitiv nicht mit jenen im Freundeskreis oder der Schule zu vergleichen. In der eigenen Familie können wir den Beziehungen schließlich nicht einfach so ausweichen und sind häufig über viele Jahre in widrigste Strukturen eingebunden und intensivste Konflikte verwickelt.

Heute bin ich in der Erwachsenenbildung tätig, bei der es ganz wesentlich um Persönlichkeitsentwicklung, Kommunikation und Coachingtechniken geht. Und wie Sie jetzt wahrscheinlich schon ahnen, handelt es sich dabei um völlig neue Themen, die vor 30, 20 oder selbst vor zehn Jahren noch nicht denkbar gewesen sind. Im Rahmen dieser Tätigkeit werde ich häufig von Teilnehmern gefragt, wie sich die in den Seminaren neu gewonnenen Erkenntnisse im persönlichen Umfeld umsetzen lassen. Vielen, die sich mit neuen Dingen beschäftigen, ist es ein Bedürfnis, ihre Umgebung, ihre Familie, Freunde und Kollegen daran teilhaben zu lassen. Sie möchten sich nicht selber ausgrenzen, scheuen zugleich aber die Gefahr, auf Widerstand zu stoßen. Häufig fällt es ihnen schwer, ganz offen und locker über ihre Erkenntnisse, Einsichten oder sogar Veränderungen zu sprechen.

Genau das war mein Anstoß, das Thema Kommunikation von allen Seiten zu beleuchten, und führte zu einigen Entdeckungen, die in dieser Form noch nicht publiziert wurden. Daraus entstand dieses kleine Buch über Kommunikation, das Ihnen den Umgang mit anderen Menschen erleichtern soll. Der Inhalt erhebt keinen Anspruch auf wissenschaftliche Korrektheit und will nichts beweisen. Dieser kleine Ratgeber soll Sie unterstützen, Ihre bisherigen Erfahrungen besser einzuordnen und liefert Ihnen viele Erklärungen, um Kommunikationsprozesse in Ihrem privaten und beruflichen Umfeld besser zu verstehen. Es hilft Ihnen, Ihre eigenen Kommunikationsziele bewusster wahrzunehmen und gezielter auf die Reaktionen Ihrer Gesprächspartner einzugehen. Während eines Gesprächs gibt es nämlich eine Reihe von Faktoren, die über seinen Erfolg entscheiden.

Jedes Geschenk hat seinen Preis!

Schenken und Verkaufen werden grundsätzlich als zwei Paar Stiefel betrachtet. Wir nehmen an, dass es sich um zwei gegensätzliche Dinge handelt. Aber ist das wirklich so?

Die Definition von Schenken ist, einem anderen etwas ohne Gegenleistung zu überlassen. Das bedeutet in den meisten Fällen, dass man jemandem einen Gegenstand überreicht oder auch eine Dienstleistung erbringt, ohne Geld dafür zu erhalten. Aber was erhalten wir dann? Tatsächlich nichts? Tauschen wir unser Geschenk im Grunde nicht doch gegen etwas ein? Oder glauben Sie immer noch, Geschenke sind völlig umsonst?

Wie ist es denn, wenn Sie jemandem etwas schenken? Und wie fühlen Sie sich generell vor besonderen Schenkanlässen wie Weihnachten oder einem Jubiläum?

Die Suche nach dem perfekten Geschenk

Allein der Gedanke an das nächste Weihnachtsfest bereitet uns Stress. Den Umsatzzahlen nach zu urteilen, stürzen sich die meisten von uns jedes Jahr wieder in den vorweihnachtlichen Kaufrausch und versuchen, das perfekte Geschenk zu finden.

Woran liegt das? Die Menschen laufen kreuz und quer in der Innenstadt umher. Sie scheinen die Fähigkeit zu freundlichem Lächeln schlagartig zu verlieren, sobald sie sich auf die schon fast panische Geschenksuche begeben. Wer sich in diesen Ameisenhaufen gestresster Menschen begibt, der wird das wohl kaum aus lauter Freude daran tun.

Warum versetzt uns das Kaufen von Geschenken in einen gestressten Zustand? Gibt es etwa zu wenig Auswahl an Produkten, die wir kaufen können? Sind wir einfach zu fantasielos? Nein, daran liegt es nicht! Es sind die Anforderungen, die wir an unser Geschenk haben. Schließlich darf es ja nicht zu klein oder zu preiswert sein, sonst könnten wir als kleinlich oder gar geizig erscheinen. Das Geschenk darf aber auch nicht zu teuer sein. Wir wollen auf keinen Fall als großkotzig angesehen werden und der Beschenkte soll sich uns gegenüber nicht so verpflichtet fühlen, dass er unser Geschenk vielleicht sogar ablehnen würde. Eigentlich möchten wir dem Beschenkten nur eine Freude machen. Das perfekte Geschenk soll natürlich im Vergleich zu den anderen nicht zu sehr hervorstechen. Wer will schon gern zu sehr auffallen oder gar Neid erwecken? Das ist nicht in unserem Sinne. Das Gegenteil wäre jedoch ebenso fatal! Es darf um Himmels willen auch nicht in der Masse der Geschenke untergehen, und der Beschenkte soll sich möglichst lange an unser Geschenk erinnern. Wir sind schließlich nicht der ‚Nobody' in der Runde. Und da wäre noch eine Kleinigkeit: Das Geschenk darf nicht zu anonym wirken, sondern muss mit einer persönlichen Note überzeugen. Etwas selbst Gebasteltes würde jedoch eher den Anschein erwecken, wir könnten uns nichts Gekauftes leisten. Unser Geschenk soll einfach nur zeigen, wie gut wir den Beschenkten kennen und wie viel Mühe wir uns gegeben haben – auch wenn wir vielleicht überhaupt keine Zeit und Lust dazu hatten.

Seien wir ehrlich zu uns selbst. Am liebsten würden wir doch einfach in ein Geschäft marschieren und den erstbesten Gegenstand direkt im Laden einpacken lassen, damit wäre die Sache gegessen und wir hätten unsere Ruhe. Doch das Risiko, dass man uns durchschauen könnte, wollen wir nicht eingehen. Das würde ein schlechtes Licht auf uns werfen und unser Ansehen innerhalb der gesamten Gruppe herabsetzen. Wir wollen, dass der Beschenkte den Preis nicht erfährt und entfernen noch schnell die Preisschilder – außer natürlich, wir nutzen dies als Möglichkeit zu demonstrieren, was uns die Person Wert ist! In dem Fall tun wir ganz überrascht, dass der Preis beim Auspacken noch dran ist. Wir haben es natürlich ganz einfach vergessen und es ist uns offiziell etwas ‚unangenehm', dass der Beschenkte den Kaufpreis erfährt.

Die Liste der Anforderungen beim Akt des Schenkens ist unendlich lang und würde jetzt wohl den Rahmen dieses Buches sprengen. Fakt ist, kein Geschenk kann alle diese Kriterien erfüllen. Dennoch setzen wir uns jedes Jahr wieder so unter den Druck des Perfektionismus, dass wir in einen Dauerstresszustand geraten.

„Nein", höre ich Sie protestieren, „ich mache das ganz anders und bin nicht so berechnend!" Selbst wenn Sie es tatsächlich nicht sind und die vorweihnachtliche Hektik der Menschen mit viel Humor betrachten, Ihr Unterbewusstsein lässt sich nicht so einfach ausklammern. Und es ist Ihr Unterbewusstsein, das bei diesem im Verborgenen ausgefochtenen Wettkampf um das perfekte Geschenk mitmischt. Wetten?

Zu Weihnachtsgeschenken fällt mir noch eine kleine Geschichte aus unserer Familie ein. Meine Mutter hatte die Angewohnheit, ihren Kindern und deren Partnern recht ähnliche Geschenke zu machen. Häufig waren Pullover darunter. Natürlich bekamen wir nicht alle exakt die gleichen. In einem Jahr beschwerte sich eine meiner Schwestern, dass der Partner immer den weniger schönen Pullover als ihr Bruder bekäme. Daraufhin machte meine Mutter den Vorschlag, dass sie den Pullover selbst auswählen könne und erhielt die Antwort, es wäre völlig egal, welchen Pullover sie wähle, ihr Bruder bekäme sowieso den schöneren! Diese Reaktion, die meine Mutter sprachlos machte, zeigt sehr schön, dass es eigentlich gar nicht um den Pullover an sich oder das jeweilige Geschenk ging!

So ein undankbarer Mensch!

Ein Gedanke, den wir nur selten laut zu hören bekommen. Doch genau das ist die häufigste Reaktion, wenn unser Geschenk missachtet wird und wir nicht den Dank erhalten, den wir erwartet haben. Ist Ihnen das nicht auch schon einmal passiert? Sie haben etwas Tolles verschenkt. Und dann bekommen Sie nicht einmal ein freundliches Lächeln? Ihr Geschenk wird abgelehnt mit den Worten: „Das kann ich nicht annehmen!“, oder Sie bekommen eine, in Ihren Ohren zumindest, unangebrachte Bemerkung zu hören? Das lässt einen doch förmlich überkochen. Oder gefällt es Ihnen, wenn Sie nicht einmal ein ehrliches „Danke“ erhalten? Was passiert dann? Ist es Enttäuschung, Ärger oder sogar regelrechte Wut, die dann hochkommt? Wenn Ihnen die Reaktion angeblich egal ist, warum haben Sie dann überhaupt ein Geschenk gemacht?

Wenn wir für einen Moment ganz ehrlich zu uns sind, erwarten wir also durchaus einen Gegenwert für unser Geschenk. Und zwar so etwas wie Dankbarkeit, Anerkennung, Zuneigung oder wohlwollende Behandlung vonseiten des Beschenkten. Vielleicht erwarten wir insgeheim sogar eine spätere Gegenleistung und haben uns mit einem besonderen Geschenk ein hohes Guthaben auf dem ‚Gefälligkeitskonto‘ des anderen eingerichtet – wer weiß, wozu wir das noch gebrauchen können...

Das hat doch immer einen Haken!

Im geschäftlichen Kontext sind die Regeln der Gegenseitigkeit heute in vielen Teilen der Welt weitgehend akzeptiert und ein fester und notwendiger Bestandteil unseres Miteinanders. Obwohl das Koppeln eines Geschenks an eine Gegenleistung in der westlichen Welt gern als Bestechung interpretiert und nicht selten sogar massiv bestraft wird, ist es interessanterweise nicht verboten, mit Werbegeschenken (Giveaways) oder Rabatten sogenannte Kaufanreize zu schaffen. Tagtäglich werden wir mit Rabattschlachten konfrontiert. Und das zieht nicht spurlos an uns vorüber. Auch wenn wir das nicht bewusst wahrnehmen, so befinden wir uns mitten drin in diesem Spiel. Es dürfte also niemanden wundern, dass wir so kritisch und sensibel auf unerwartete Geschenke reagieren. Wir fragen uns dann jedes Mal: „Wo ist der Haken? Was soll ich jetzt schon wieder kaufen?"

Sie haben vermutlich keine Hintergedanken, wenn Sie etwas schenken. Haben Sie auch nicht, denn wie schon gesagt, diese Prozesse finden meist unbewusst statt und die Gedanken bleiben unbemerkt!

Doch selbst ohne Hintergedanken ist das Geben bekanntlich seliger als das Nehmen, wenn es denn ‚funktioniert'. Das Schenken hat nämlich einen inneren Wert, den die wenigsten erkennen. Mein Vater ist das beste Beispiel. Wir Kinder – wie schon gesagt, wir waren insgesamt zu zehnt – freuten uns immer ganz besonders auf den Geburtstag meines Vaters. Er liebte es nämlich, seinen Kindern eine Freude zu bereiten und in unsere glücklichen Gesichter zu schauen. Wenn er an seinem eigenen Geburtstag nach

Hause kam, waren seine Taschen immer prall gefüllt mit Spielzeug. Und unsere Kinderaugen begannen zu leuchten. Das war seine schönste Freude! Im besten Fall nämlich erwartet der Schenkende nicht einmal so etwas wie Dankbarkeit, sondern er freut sich ganz einfach an der echten Freude des Beschenkten!

Schenken ist gar nicht so einfach!

Wie wird man einen unliebsamen Politiker los? Ganz einfach, Sie laden ihn zum Essen ein, schicken ihm einen Gutschein für eine Reise oder zahlen ihm einen Hotelaufenthalt, teilen dies der Presse mit und die erledigt den Rest. Und sei der Wert einer solchen Zuwendung auch noch so gering, man wird dem Politiker unterstellen, dass es sich dabei um Bestechung und Vorteilsnahme gehandelt hat. Noch bevor der Nachweis des Gegenteils erbracht werden kann, muss er sein Amt aufgeben. In der Politik wird mit harten Bandagen gekämpft, weshalb man als Politiker damit rechnen sollte. Aber wie verhalten sich Privatpersonen, wenn man ihnen überraschend etwas schenkt?

Es gab einmal eine Frage, die mich schon längere Zeit brennend interessiert hatte: Was passiert, wenn ich einem absolut fremden Menschen Geld schenke? Einfach so! Ich wollte es wissen und ging fest entschlossen in die belebte Innenstadt. Dort zog ich einen 100-Euroschein aus meinem Geldbeutel und überreichte ihn einem Mann, den ich in meinem ganzen Leben noch nie gesehen hatte. Ohne lange Erklärungen bot ich ihm meine 100 Euro als Geschenk an. Was glauben Sie, ist passiert? Hat der Mann den Schein genommen und „Danke“ gesagt? Oder hat er das Geld genommen und ist ohne ein Sterbenswort davongegangen? Weder noch! Er starrte mich mit großen Augen an und fragte total verdutzt: „Wo ist die Kamera?“ Sind wir tatsächlich so leicht aus der Fassung zu bringen? Meine Neugierde war so groß, dass ich mein Geld an diesem Tag den unterschiedlichsten Personen anbot. Einige waren von meiner Aktion dermaßen empört, dass sie beleidigt davonrannten. Und ich bekam mehrfach zu hören, dass ich verrückt sei.

Das Lustige daran ist, Sie werden es kaum glauben, aber ich bin tatsächlich immer noch im Besitz meines Scheines! Keiner hat sich getraut, das Geld anzunehmen! Alle dachten nur, das ist jetzt ein schlechter Scherz, der Schein ist falsch oder sie würden in irgendetwas Illegales hineingezogen. Nun denken Sie: „Ich würde es nehmen“. Habe ich recht? Ich wette mit Ihnen, dass Sie das nicht tun würden! Zumindest jetzt noch nicht!

Mittlerweile habe ich festgestellt, dass ich nicht der Erste war, der diese Idee gehabt hat. Auf Youtube gibt es ein paar Videos zu diesem Thema. Suchen Sie einfach nach dem Stichwort „Geld verschenken“.

Aber wenn es dann gelingt ...

Wenn Sie ein paar interessante Erfahrungen machen wollen und es kein großer Verlust für Sie ist, falls jemand Ihr Geschenk tatsächlich annimmt, dann probieren Sie es einfach selbst. Sie können es ruhig auch mit 20 oder 50 Euro testen, obwohl hierbei die Hemmschwelle, es anzunehmen, geringer ist. Oder seien Sie das nächste Mal besonders großzügig, wenn Sie einen Obdachlosen auf der Straße sehen. Achten Sie dabei auf Ihre eigenen Empfindungen, wenn Sie ohne Zwang oder Hintergedanken statt 1 oder 2 Euro einmal 10, 20 oder gar 50 bzw. 100 Euro schenken. Sie werden erstaunt sein, welche positiven Emotionen bei Ihnen selbst ausgelöst werden, wenn der Geldschein tatsächlich einmal entgegengenommen wird. Dies ist der Grund, warum wir lieber etwas freiwillig geben, als wenn das Gleiche von uns gefordert wird.

Dieses Experiment wird Ihnen viele Erkenntnisse über die menschliche Natur bescheren. Dasselbe passiert übrigens nicht nur bei wildfremden Menschen. Versuchen Sie es doch einmal bei jemandem, zu dem Sie nicht gerade das beste Verhältnis haben. Machen Sie dieser Person ein unerwartetes Geschenk. Das muss gar nichts Kostspieliges sein, eine kleine Aufmerksamkeit wie eine Blume oder ein kleiner Strauß reicht völlig. Die Wahrscheinlichkeit, dass Ihr Geschenk zurückgewiesen wird, ist sehr gering und so passieren in diesem Fall oft Veränderungen, die extrem positive Auswirkungen auf Ihre Beziehung zu diesem Menschen haben werden und mit denen Sie vermutlich niemals gerechnet hätten.

Jedoch muss ich Sie an dieser Stelle warnen. Es könnte sein, dass Sie anschließend viel großzügiger werden, da Sie vielleicht Freude am Schenken entwickeln...

Die Währung des Schenkens

„Schön und gut", werden Sie sagen, „aber was hat das Schenken jetzt eigentlich mit dem Thema Kommunikation, einem Ratschlag oder einer Empfehlung zu tun?" Ganz einfach: Alles, was wir geben, ist im Grunde eine Art Geschenk! Selbst ein Ratschlag, eine Idee oder sogar eine bloße Meinungsäußerung.

Wer einen Trainer, Coach oder Berater hat, der bezahlt in der Regel sehr viel Geld für die Tipps des Experten. Erhalten wir jedoch einen persönlichen Rat, der noch so gut sein kann, aber von jemandem stammt, den wir nicht bezahlen müssen, so wird der Wert oft um ein Vielfaches geringer eingestuft. Was umsonst ist, das kann doch nichts Vernünftiges sein! Warum empfinden wir das so? Ganz einfach, wir wollen dem unausgesprochenen ‚Preis' nicht zustimmen. Dieser Preis wird nicht in Geld ausgedrückt und es wird auch nicht erwartet, dass Geld den Besitzer wechselt. Die Währung dieses Preises ist nicht Euro, Dollar oder Rubel, sondern die besagte Anerkennung, der Dank oder es sind andere, nicht explizit ausgesprochene Erwartungen, die wir nicht erfüllen wollen. Häufig findet ein Vorschlag vordergründig Ablehnung, irgendwann wird er jedoch heimlich angenommen und umgesetzt. Haben Sie das nicht auch schon einmal erlebt? So etwas geschieht häufig bei Chefs, Vorgesetzten oder auch bei Kollegen. Nicht selten sehen wir so ein Verhalten auch bei dem eigenen Partner oder bei pubertierenden Kindern. Vielleicht haben Sie auch sich selbst schon einmal in der ein oder anderen Situation erwischt, oder?

Auch auf die Verpackung kommt es an!

Grundsätzlich gilt, sobald wir unseren Rat, unsere Empfehlung oder unsere Meinungsäußerung als wertvolles Geschenk betrachten, sollten wir uns auch die Mühe machen, unsere Worte wie ein bedeutendes Geschenk zu überreichen. Und was ist bei einem Geschenk extrem wichtig? Eine hübsche und bunte Verpackung natürlich! Für unser Geschenk suchen wir ein besonders schönes Geschenkpapier aus und wickeln anschließend noch ein hübsches Schleifchen drum herum. Dann warten wir nur noch auf die passende Gelegenheit, um das Geschenk würdig zu präsentieren. Genauso sollten Sie es in Zukunft mit Ihrer Meinung machen.

Viele gut gemeinte Empfehlungen werden nicht vom Adressaten empfangen und willkommen geheißen, weil wir sie in einem unangebrachten Moment äußern und nicht richtig ‚verpacken'. Wer nimmt schon gerne ein Geschenk an, das in einem alten Schuhkarton überreicht wird? Sie sehen, die Verpackung ist sehr entscheidend, damit sich der Beschenkte wirklich mit dem Inhalt auseinandersetzt bzw. sich darüber freut.

Lassen Sie mich ein wenig zusammenfassen: Ein Ratschlag ist ein Geschenk. Schenken und Verkaufen sind keine Gegensätze, sondern sehr ähnliche Transaktionen. Jedes Geschenk sollte gut ‚verkauft' werden, sonst verliert es seinen Wert. Deshalb sollten wir, wenn wir gehört werden wollen, uns mit dem Gedanken anfreunden, auch unsere Meinungen wie ein schön verpacktes Geschenk zu ‚überreichen' oder wie ein wertvolles Produkt zu verkaufen.

Nicht alles dreht sich um mich!

Stellen Sie sich vor, Sie möchten Ihrem Kollegen eine Freude machen. Gleich am frühen Morgen überreichen Sie ihm ein tolles Buch, einen Ratgeber, von dem Sie überzeugt sind, dass derjenige einen solchen wirklich gut gebrauchen könnte. Schon beim Auspacken stellen Sie fest, das Geschenk löst nun alles andere als die erhoffte Begeisterung Ihres Kollegen aus. Was ist passiert?

Selbst wenn Sie Ihre Ideen oder Ratschläge als ein wertvolles Geschenk ansehen, gibt es immer noch genügend Menschen, die Ihre Meinung nicht teilen oder wertschätzen wollen und Geschenke oder Ratschläge jeglicher Art kategorisch ablehnen. Sie werden kurzerhand zurückgewiesen: „Danke, aber so etwas ist nichts für mich …“ In solchen Situationen reagieren wir mit Enttäuschung, Verärgerung oder gar Wut. Im Durcheinander unserer Gefühle beziehen wir das Desinteresse des anderen blitzschnell auf unsere eigene Person, denn wir wurden schließlich knallhart vor den Kopf gestoßen.

Aber Moment mal, warum fühlen wir uns eigentlich immer sofort persönlich angegriffen? Sollten wir nicht langsam einmal begreifen, dass sich nicht alles um uns dreht und die Ablehnung in der Regel überhaupt nichts mit uns persönlich zu tun hat? Im Folgenden werden wir uns anschauen, woran es liegt, dass einige Menschen überhaupt nicht in der Lage sind, unsere Geschenke, Ratschläge oder selbst Ideen anzunehmen.

Wer bist Du? Unsere Persönlichkeitsstrukturen

Wir gehen generell sehr leichtfertig davon aus, dass wir eine gemeinsame Sprache sprechen und wir uns deshalb alle verstehen müssten. Es ist richtig, dass wir dieselben Wörter gebrauchen, aber unsere Vorstellung von den Wortbedeutungen ist oft sehr unterschiedlich. Es sind aber nicht nur die Wörter, die mit unterschiedlichen Bedeutungen belegt sind, auch unsere gesamten Erfahrungen, bis zurück in die frühe Kindheit, unterscheiden sich häufig ganz deutlich von einander. Gerade aus unseren ersten Lebenserfahrungen entwickeln wir unsere Lebensstrategien, die sich in unserer Persönlichkeitsstruktur niederschlagen. Um optimal und erfolgreich kommunizieren zu können, ist es somit wichtig, sich auf die Persönlichkeit unseres Gegenübers einzustellen.

In der Psychologie gibt es verschiedene Modelle, die diese Persönlichkeits- oder Charakterstrukturen untersuchen und beschreiben. Diese Klassifizierung wird aufgrund von Verhaltensweisen, zuweilen auch Körpermerkmalen vorgenommen. Anhand dieser Modelle lassen sich die verschiedenen Charaktere relativ leicht erkennen. Die meisten Schulen unterscheiden vier bzw. fünf verschiedene Basisstrukturen, von denen jeder Mensch unterschiedlich starke Anteile in sich trägt.

Unsere individuelle Charakterstruktur wird weitestgehend in den ersten drei Lebensjahren ausgebildet, und zwar durch diejenigen Erfolgs- bzw. Überlebensstrategien, die uns bis dahin am meisten geholfen haben. Sie prägen auch weiterhin unser Leben und bestimmen unseren Charakter. Natürlich hat jede der einzelnen Strukturen ihre Vor- wie auch Nachteile. Keine der Strukturen ist für sich genommen besser oder schlechter. Der Idealfall ist, wenn das Individuum sich in allen Strukturen gleichermaßen wohlfühlt und sich abhängig von der jeweiligen Situation mal eher gemäß der einen oder der anderen zu verhalten vermag. Alle fünf Strukturen sind notwendig, damit eine Gesellschaft überhaupt richtig funktionieren kann.

Im Folgenden sehen wir uns ein Modell mit fünf Charakterstrukturen an und stellen uns vor, was jeweils die bevorzugte Reaktion auf einen Ratschlag, eine Meinungsäußerung oder auch ein von uns präsentiertes oder empfohlenes Produkt wäre.

Die leistungsorientierte Persönlichkeit

Wie der Name schon verrät, definiert sich ein solcher Mensch über seine Leistung. Eine Person mit dieser Persönlichkeitsstruktur hat bereits im Kindesalter herausgefunden, dass ihre Bedürfnisse am besten in Form von Belohnungen für entsprechende Leistungen gestillt werden. Leistungsorientierte Personen wurden von klein auf gefordert und haben selbst entsprechenden Ehrgeiz aus sich heraus entwickelt. Sie behalten das Muster, beständig Leistungen erbringen zu müssen, meist ihr Leben lang bei. Sie sind oft erfolgreiche Unternehmer oder leitende Angestellte. Ihr Handeln basiert auf logischen Schlussfolgerungen und ist wohlüberlegt. Für diese Menschen muss alles einen Sinn ergeben und einem entsprechenden Nutzen dienen.

Ein leistungsorientierter Mensch wirkt oft sehr distanziert und unnahbar. Er ist von seinen Gefühlen abgeschnitten und hat erhebliche Schwierigkeiten, sich emotional auf seine Umwelt einzulassen. In finanziellen Dingen zum Beispiel ist er jedoch sehr geschickt und verlässlich. Er verdient viel Geld und investiert es gerne zu seinem persönlichen Vorteil.

Was passiert, wenn Sie einem leistungsorientierten Menschen einen Rat geben?

Es ist sehr wahrscheinlich, dass er Ihren Rat von allen Seiten überprüft und daraufhin entscheidet, ob er ihm folgt oder nicht. Ob Ihre Empfehlung tatsächlich umgesetzt wird, hängt schlicht und ergreifend davon ab, wie Erfolg versprechend Ihre Idee in seinen Augen ist. Er wägt Gewinn und Risiko vorher sorgfältig ab. Seine Wahl ist in der Regel sachlich und unabhängig von Ihrem Status.

Wie auch immer seine Entscheidung ausfällt, Ihre Beziehung zu diesem Menschen wird davon wenig beeinflusst werden. Er wird Sie weder verurteilen, wenn es schief geht, noch wird er sich Ihnen besonders dankbar zeigen, wenn es klappt. Die Kommunikation mit leistungsorientierten Persönlichkeiten ist also relativ unkompliziert, aber auch sehr nüchtern und emotionsfrei. Bei einem Gespräch sollten Sie daher keine emotionalen Zuwendungen wie Lob, Komplimente oder übermäßige Dankbarkeit erwarten.

Die kontrollorientierte Persönlichkeit

Diese Persönlichkeit fühlt sich erwartungsgemäß nur dann sicher und in ihrer gesellschaftlichen Position gefestigt, wenn sie alles kontrollieren kann. Sie lässt also ihrer Umgebung relativ wenig Handlungsfreiheit. Menschen mit dieser Struktur sind oft sehr charmant und damit wahre Meister der Manipulation. Wenn sie in der entsprechenden Machtposition sind, können sie ihren Mitmenschen extrem aufbrausend und sogar cholerisch entgegentreten. Ein typisches Merkmal ist ihre extrovertierte Art. Sie lieben den regen Kontakt mit ihrer Umgebung. Manager,

Schauspieler und Politiker haben eine hohe Affinität zu dieser Persönlichkeitsstruktur. Obwohl solche Menschen andere kontrollieren möchten, wehren sie sich selbst gegen jede Art von Kontrolle. Sie sind es, die die Gesetze vorgeben! Und für sie selbst gelten diese Regeln natürlich nicht ...

Kontrollorientierte Menschen können oft leichtfertig Geld ausgeben, wenn es ihren Zwecken dient. Sie sind daher nicht selten verschuldet und leben nur zu gerne über ihre Verhältnisse.

Was passiert, wenn Sie einem kontrollorientierten Menschen einen Rat geben?

Mitten im Gespräch kann es plötzlich zu einer Meinungsverschiedenheit kommen. Die Emotionen kochen hoch und Ihr Gegenüber hat das Gefühl, eindeutig im Recht zu sein. Es wird ihm grundsätzlich sehr schwerfallen, Ihren Rat anzunehmen. Für ihren Gesprächspartner bedeutet dies nämlich, dass Sie Kontrolle über ihn ausüben möchten. Nähme er Ihren Vorschlag an, würde er sich damit eingestehen, dass Sie recht haben und vielleicht sogar klüger sind. Nichts liegt ihm jedoch ferner. Aus seiner Sicht ist jede Diskussion ein kleiner Machtkampf, den er gewinnen möchte. Er kann einfach nicht verlieren und muss immer das letzte Wort haben. In vielen Fällen führt das unweigerlich dazu, dass Ihr Vorschlag abgelehnt wird.

Vermeiden Sie jede Diskussion! Besinnen Sie sich auf das Wesentliche und unterbrechen Sie das adrenalingesteuerte Kampfprogramm. Verzichten Sie auf Rechthaberei! Es gibt andere Möglichkeiten, die viel besser geeignet sind. Diese stelle ich Ihnen im Laufe dieses Buches noch näher vor.

Die denkorientierte Persönlichkeit

Menschen, die von dieser Struktur dominiert sind, befinden sich im Kopf zu Hause. Sie versuchen, fast alles mit dem Verstand zu erfassen, was letztendlich dazu führt, dass sie oft keine Entscheidungen treffen können. Sie beschäftigen sich manchmal tagelang damit, alle Vor- und Nachteile bis ins kleinste Detail zu studieren. Durch den geringen Austausch mit der Außenwelt sind sie sozial nicht besonders eingebunden. Auffallend ist ihre grundsätzlich kritische Haltung dem Leben und anderen Menschen gegenüber. Diese Persönlichkeit findet jedes noch so kleine Haar in der Suppe.

Menschen, die einen großen Anteil dieser Struktur besitzen, sind häufig in wissenschaftlichen, künstlerischen und technischen Berufen zu finden. Sie lieben es, wenn sie mit sich alleine beschäftigt sind.

Bevor diese Menschen Geld ausgeben, suchen sie lieber nach einer preiswerteren Lösung.

Was passiert, wenn Sie einem denkorientierten Menschen einen Rat geben?

Sie können davon ausgehen, dass jeder Vorschlag zunächst sehr kritisch betrachtet wird. In der Regel wird Ihr Gesprächspartner Ihnen dann erklären, warum die Sache nicht funktionieren kann. Für diese Person ist es äußerst schwierig, Gedanken und Ideen anzunehmen, die nicht zu seinen eigenen zählen. So sind Streitigkeiten oft vorprogrammiert, selbst wenn Sie es nur gut meinen. Ein denkorientierter Mensch wirkt oftmals beratungsresistent.

Legen Sie denkorientierten Personen das Problem und den Lösungsweg immer so dar, dass sie die Antwort selbst finden können und nicht gezwungen sind, ‚fremde Gedanken' anzunehmen.

Die belastungsorientierte Persönlichkeit

„Das Leben ist so schwer, hart und ungerecht". Für Menschen mit dieser Persönlichkeitsstruktur stellt das ganze Leben eine unglaubliche Last dar, die tagtäglich getragen werden muss. Ein belastungsorientierter Mensch nimmt alles auf sich. Er reißt die Arbeit förmlich an sich, um anschließend darüber zu klagen, wie viel Arbeit er doch hat. Für ihn sind einfache Lösungen zu schön, um wahr zu sein. Dementsprechend bevorzugt er immer den komplizierten Weg.

Diese Persönlichkeit ist sehr mitfühlend, bis hin zur Selbstaufgabe. Sie ergreift häufig einen sozialen Beruf, um sich ganz dem Leid anderer widmen zu können. Besonders extrem ist, dass der belastungsorientierte Mensch selbst niemandem zur Last fallen möchte und sich eher das Leben nehmen würde, als Gefahr zu laufen, zum Beispiel selbst ein Pflegefall zu werden.

Menschen, die einen großen Anteil dieser Struktur haben, leiden auch, wenn sie Geld ausgeben sollen. Deshalb ist es schwierig, ihnen etwas zu verkaufen.

Was passiert, wenn Sie einem belastungsorientierten Menschen einen Rat geben?

Belastungsorientierte Gesprächspartner stehen – ähnlich wie die denkorientierten – einem Rat besonders kritisch gegenüber. Ihnen fällt es umso schwerer Ihren Vorschlag anzunehmen, je leichter er umzusetzen ist. Eine einfache Lösung würde schließlich seiner Grundhaltung dem Leben gegenüber widersprechen.

Die Verwirklichung Ihrer Idee sollte immer viel Anstrengung versprechen. Vermitteln Sie Ihrem Gesprächspartner den Eindruck, dass das Befolgen Ihres

Rates zur Konsequenz haben wird, dass er einem anderen Menschen eine große Last abnehmen und ihm somit helfen wird. Sie sollten aber nicht enttäuscht sein, wenn Ihr Vorschlag zunächst auf Begeisterung trifft, schließlich aber dann doch nicht umgesetzt wird. In dem Fall hat er im Nachhinein dann erkannt, dass ihn das Befolgen Ihres Ratschlags in Wahrheit verändern und von seiner Last, die er so sehr liebt, befreien würde.

Die bedürfnisorientierte Persönlichkeit

Menschen mit einer überwiegend bedürfnisorientierten Struktur suchen andauernd Hilfe. Selbst dann, wenn sie ihre Probleme alleine lösen könnten, bitten sie um Unterstützung. Schließlich ist die ganze Welt für ihr Schicksal verantwortlich. Sie würden niemals auf die Idee kommen, für sich selbst Verantwortung zu übernehmen. Besonders auffällig ist ihre dauerhafte Unzufriedenheit. Es ist egal, wie viel man ihnen gibt – es ist nie genug. Sie sind nicht bereit, die nötige Leistung für Erfolg zu erbringen, lechzen zugleich aber förmlich nach Lob und Anerkennung. In ihren Augen haben es alle anderen Menschen gut, nur sie selbst nicht. Ihrem Umfeld vertrauen sie auffallend schnell, werden aber auch häufig enttäuscht.

Aufgrund ihrer nur geringen Leistungsbereitschaft haben sie viele Schwierigkeiten im Berufsleben. Durch häufige Erkrankungen stillen sie ihr Bedürfnis nach Hilfe und Aufmerksamkeit. Obwohl sie aufgrund ihres eher geringen Einkommens nur sehr wenige finanzielle Mittel zur Verfügung haben, geben sie ihr Geld relativ leichtfertig aus.

Was passiert, wenn Sie einem bedürfnisorientierten Menschen einen Rat geben?

Prinzipiell sind Menschen mit dieser Persönlichkeitstruktur sehr aufgeschlossen und dankbar für Ihre Vorschläge. Am liebsten wäre es ihnen jedoch, wenn Sie sich um ihre Probleme kümmern und das Handeln für sie übernehmen würden. Lassen Sie sich also nicht dazu einspannen, die Rolle des Handelnden zu übernehmen. Die Kommunikation mit Menschen dieser Art erfordert viel Fingerspitzengefühl.

Vorsicht beim Kategorisieren!

Konnten Sie die überwiegende Charakterstruktur einiger Personen aus Ihrem Umfeld identifizieren? Sicherlich konnten sie auch sich selbst der einen oder anderen Struktur zuordnen. Manchmal ist die Sache ganz eindeutig, wie zum Beispiel im Fall erfolgreicher Unternehmer, die kaum Anteile der bedürfnisorientierten Struktur haben werden. Ähnlich handelt es sich bei Schauspielern und erfolgreichen Verkäufern vermutlich um sehr kontrollorientierte Persönlichkeiten. Aber manchmal wird es etwas knifflig und wir erkennen nicht sofort, wer wohin gehört. Der Grund liegt darin, dass wir nicht nur Anteile einer Charakterstruktur besitzen, sondern von allen fünf unterschiedlich starke Anteile. Jeder von uns bildet zwar schon in den ersten drei bis fünf Lebensjahren eine bevorzugte Charakterstruktur aus, die in allen Lebensbereichen mehr oder weniger deutlich zu Tage tritt, jedoch ist auch diese unterschiedlich stark ausgeprägt und wird von anderen Verhaltensmustern begleitet.

Letzten Endes handelt es sich immer um Lebensstrategien, die sich – wie bereits gesagt – schon in früher Kindheit ausprägen. Das genaue Studium der Charakterstrukturen ist natürlich um einiges umfangreicher. Über jede einzelne Charakterstruktur ließen sich ganze Bücher schreiben. An dieser Stelle geht es jedoch lediglich darum, dass wir uns über ein paar grundlegende Prinzipien klar werden. Jede dieser Strukturen hat einen großen Einfluss darauf, wie sich die verschiedenen Charaktere verhalten, wenn wir ihnen einen Vorschlag unterbreiten. Achten Sie in Zukunft einfach verstärkt auf die Reaktionen Ihrer Mitmenschen. Sie werden allmählich feststellen, dass es nicht unbedingt vom Inhalt des Gesagten abhängt, wie Ihr Gesprächspartner reagiert.

Interessant ist auch, wie stark die einzelnen Typen jeweils in der Bevölkerung vertreten sind. Die größte Gruppe bilden die Kontroll- und die kleinste Gruppe die Leistungsorientierten. Die zweitstärkste Gruppe ist die der bedürfnisorientierten Persönlichkeiten und den Rest teilen sich die denk- und die belastungsorientierten Charaktere. Bitte vergessen Sie an dieser Stelle nicht, dass es sich hier nur um Tendenzen handelt. Es gibt, wie gesagt, so gut wie keinen Menschen, der zu 100 Prozent einer einzigen Gruppe zuzuordnen wäre.

Speziell bei schwierigen Gesprächen, bei Verhandlungen oder im Verkauf ist es sehr hilfreich, wenn Sie sich über die Charakterstruktur des Gesprächspartners im Klaren sind. Dann haben Sie die Möglichkeit, Ihre Gesprächsstrategie entsprechend anzupassen.

Wenn der Fokus ganz woanders liegt …

Eine stark in eine Richtung ausgeprägte Persönlichkeitsstruktur oder auch das Nicht-Erkennen einer solchen kann eine Ursache von Kommunikationsproblemen sein. Aber es gibt auch noch viel banalere

Gründe, die wir uns nur häufig nicht bewusst machen. Stellen Sie sich vor, Sie kommen gerade von der Arbeit nach Hause und hatten gewaltigen Stress mit Ihrem Chef oder eine Auseinandersetzung mit einem Ihrer Kollegen. In dem Moment ruft Sie jemand an. Die Person will Ihnen das tollste und neueste Nahrungsergänzungsmittel verkaufen, das ihr Leben um 100 Jahre verlängern soll. Was meinen Sie, hätten Sie in einer derartigen Situation wirklich Lust, 100 Jahre älter zu werden?

Das Beispiel ist natürlich übertrieben, aber es führt uns vor Augen, was auch die Ursache für unser vermeintliches Desinteresse an einem uns dargebotenen Produkt sein kann. Manchmal haben wir ganz einfach andere Sorgen. Wenn unser Partner, unsere Kinder, Freunde, Bekannten, Kollegen oder auch Fremde dann mit Vorschlägen und Ideen an uns herantreten, für die wir in dem Moment gar kein offenes Ohr haben, lehnen wir diese mit einem kurzen „Nein, danke" ab. Mit anderen Worten, unser Fokus ist gerade ganz woanders und wir empfinden die Sache als äußerst unpassend. Doch weiß das unser Gesprächspartner? Völlig unabhängig vom Wert der Idee oder des Produkts lehnen wir die Hilfe bzw. das Angebot schlicht und ergreifend ab. Zu einem anderen Zeitpunkt wäre die Sache wahrscheinlich absolut in Ordnung gewesen. Wir wären vielleicht sogar begeistert darauf eingestiegen. Aber leider wusste der andere nichts von unseren Sorgen. Wie denn auch? Wir wollten ihn nicht damit belasten und haben ihn lieber einfach schnell abgewiesen. Und genau das ist bei ihm angekommen. Er fühlt sich abgelehnt!

Wenn wir in der Position des Ratgebers sind, sollten wir eine Ablehnung in Zukunft nicht mehr auf uns selbst beziehen. Den anderen geht es doch genauso wie uns! Führen Sie sich das immer wieder vor Augen.

Der andere ist in dem Moment vielleicht nur nicht in der Lage, auf Sie und Ihr Angebot einzugehen.

Erkunden Sie also immer zu Gesprächsbeginn, in welcher Stimmung bzw. Lebenssituation Ihr Gesprächspartner sich gerade befindet, bevor Sie mit Ihrem Anliegen kommen. Es könnte sein, dass der Zeitpunkt nicht geeignet ist und Sie eine wertvolle Chance verschenken!

Die Beziehung der Gesprächspartner untereinander

Es wird leider viel zu oft übersehen, dass das Ergebnis von Kommunikation bzw. eines Gesprächs sehr stark von der Beziehung der Gesprächspartner zueinander abhängt. Gerade bei der sogenannten rein sachlichen Kommunikation, bei der man es vielleicht am wenigsten erwarten würde, ist die soziale Stellung der jeweiligen Gesprächspartner, das Beziehungsgeflecht, durch das sie verbunden sind, sehr ausschlaggebend für Erfolg oder Misserfolg des Gesprächsverlaufs.

Wir alle nehmen Ratschläge und Tipps viel bereitwilliger von Menschen an, die in unseren Augen ein hohes Ansehen haben. Hat jemand jedoch nicht das AAA-Rating in unserer persönlichen Bewertungsskala für Ansehen, ist unsere Bereitschaft viel geringer, uns auf einen Ratschlag einzulassen, geschweige denn ein Geschenk anzunehmen bzw. jemandem etwas abzukaufen. Und dies gilt selbst dann, wenn diese Person uns selbst sehr wertschätzt und uns tatsächlich helfen möchte.

Das Problem ist jetzt nur, der Abgelehnte bezieht diese Reaktion auf den Ratschlag und den Inhalt seines Angebotes. Dies ist insbesondere im Vertrieb häufig fatal. Denn egal welche Bemühungen man auch anstellt, man kann manchmal bei einem potenziellen Kunden partout nicht ‚landen', da er seine Entscheidung von ganz anderen Faktoren abhängig gemacht hat. Diese Faktoren kann oder darf er aber häufig gar nicht offenlegen. Im Vertrieb können verdeckte Geschäftsbeziehungen oder persönliche Freundschaften mit anderen Geschäftspartnern die Ursache sein. Im privaten Bereich sind es freundschaftliche Beziehungen zu anderen Menschen, mit denen einen selbst nichts verbindet. Um solche Überraschungen zu vermeiden, werden bei großen Vertriebsprojekten ganze Teams eingesetzt, die das Beziehungsgeflecht aller Beteiligten vorab erkunden und entsprechend beeinflussen. Durch die hohe Anzahl der Beteiligten verringert sich auch der Einfluss des Einzelnen und die Erfolgschancen erhöhen sich.

In Asien haben die Beziehungen zwischen den Geschäftspartnern noch einen viel größeren Einfluss als in der westlichen Welt. Ein Chinese oder Japaner wird so gut wie nie mit jemandem ein Geschäft tätigen, zu dem er kein Vertrauensverhältnis herstellen konnte. Oft bedarf es sehr langer Zeit, um ein solches aufzubauen. Deshalb ist es üblich und notwendig, einen Vermittler für jedes Geschäft einzuschalten, der die Rolle der Vertrauensperson einnimmt. Es ist also fast unmöglich, ein Geschäft durch einfache Kontaktaufnahme oder indem man jemandem unbekannterweise ein Angebot zukommen lässt, anzubahnen. Man braucht immer jemanden, den man selbst kennt, der in einem Vertrauensverhältnis zum Zielkunden steht. Diese Person führt einen dann bei der Zielperson oder beim Zielunternehmen ein. Manchmal ist für diesen Prozess eine ganze Kette von Vertrauenspersonen notwendig.

Dieses Thema ist recht komplex und wird in unserer Alltagskommunikation kaum beachtet. Manche Verkaufsstrategien legen jedoch einen besonderen

Schwerpunkt gerade auf diesen Aspekt der Kommunikation. In engem Zusammenhang damit stehen auch Organisationsstrukturen jeglicher Form, denen ich das nächste Kapitel gewidmet habe.

Ängste und schlechte Erfahrungen

Es gibt wohl kaum einen Menschen, der von sich behaupten kann, dass er völlig angstfrei wäre. Ängste sind ja auch nicht nur hinderlich, sondern erfüllen oft eine lebenswichtige Funktion. Es ist durchaus sinnvoll, Angst davor zu haben, von einer hohen Brücke zu springen. Es wäre schließlich lebensbedrohlich, wenn man keine Angst davor hätte und es einfach tun würde. In diesem Fall ist die Angst sinnvoll, da sie uns zur Vorsicht mahnt. Es gibt aber durchaus zumindest scheinbar unbegründete Ängste, die uns in unserem Leben einschränken oder gar stark behindern. Nehmen wir zum Beispiel die weit verbreitete Angst, vor einer Gruppe von Menschen zu sprechen. Sie hemmt unser berufliches und persönliches Weiterkommen und bringt uns keinerlei Nutzen.

Viele unserer Ängste sind uns leider gar nicht bewusst. Sie schlummern sozusagen in unserem Unterbewusstsein. Nun passiert es häufig sehr leicht, dass wir beim Kommunizieren mit anderen an solchen unbewussten Ängsten rühren und sie zum Leben erwecken, ohne es beabsichtigt zu haben oder überhaupt zu merken. Dies kann durchaus dazu führen, dass sich der Gesprächspartner völlig anders als erwartet verhält oder sich dem Gespräch sogar komplett entzieht. Falls sich also in Zukunft ein Gesprächspartner von Ihnen merkwürdig verhält, so bedenken Sie, dass die Ursache ein ausgelöstes Angstgefühl sein könnte, das er durch sein Verhalten vermeiden oder zurückdrängen möchte.

Kommunikation und Organisationsstrukturen

Bevor Sie in dieses Kapitel einsteigen, machen wir eine kleine Übung. Besorgen Sie sich ein Blatt Papier und etwas zum Schreiben. Setzen Sie sich bequem hin, stellen Sie beide Beine fest auf den Boden. Nun lassen Sie Ihr Leben Revue passieren. Am besten fangen Sie in Ihrer Kindheit an und erinnern sich an alle Menschen, die damals eine Rolle in Ihrem Leben gespielt haben. Dann fahren Sie fort mit Ihrer Schulzeit, Ihren Lehr- oder Studienjahren und schließlich mit Ihrem weiteren Leben bis zum heutigen Tag. Schreiben Sie all die Namen der Personen auf, an die Sie sich erinnern können. Wenn Sie damit fertig sind und Ihnen keine Namen mehr einfallen, gehen wir zum zweiten Schritt. Nun erinnern Sie sich an die Ansichten, Glaubenssätze, Gewohnheiten und Denk- bzw. Verhaltensweisen und Fertigkeiten, die Sie von diesen Menschen gelernt oder übernommen haben. Machen Sie sich zu jedem Namen ein paar Notizen.

Nun zum dritten Teil der Übung. Betrachten Sie jetzt jede einzelne der übernommenen Einstellungen, Glaubenssätze und Gewohnheiten und überlegen Sie einmal, wie diese Ihr Leben beeinflusst haben. Oder anders ausgedrückt: Wie wäre Ihr bisheriges Leben ohne sie verlaufen bzw. wie könnte Ihr zukünftiges Leben ohne sie aussehen? Welche wichtigen Entscheidungen wären anders ausgefallen, wenn Sie anderen Denkmustern gefolgt wären? Hätten Sie denselben Beruf? Hätten Sie denselben Partner gewählt und wie würden Sie Ihre Beziehung leben? Wie wäre Ihre Einstellung zu Geld? Hätten Sie in Ihrem Leben vielleicht andere Prioritäten gesetzt?

Diese Fragen sind wahrscheinlich nur mit großer Mühe zu beantworten, weil es schwierig ist sich vorzustellen, andere Gedanken, Glaubenssätze und Gewohnheiten zu haben als die über lange Jahre ‚eingebrannten'. Ginge es so einfach, dann hätten Sie die alten wahrscheinlich schon längst abgelegt. Diese Übung zeigt uns jedoch, wie wenig unser Leben durch uns selbst geprägt, sondern in welch hohem Maße es durch andere mit beeinflusst wird. Nicht, weil andere Menschen uns bewusst manipulieren oder formen wollen, sondern weil wir uns – vor allem in unserer Kindheit – an ihnen orientieren und ihre Muster übernehmen bzw. imitieren. Ob wir es wollen oder nicht.

Wir Menschen sind Herdentiere. Und jede Herde hat eine Struktur, in die wir uns einordnen. Dies geschieht ganz unbewusst. Es beginnt im Kindesalter und es gelingt nur wenigen in ihrem Leben, sich aus diesem Prozess zu befreien, sofern dies denn gewünscht ist. Im Tierreich sprechen wir von Herden. Bei uns Menschen nennen wir die ‚Herden' Familie, Firma, Verein, Gemeinde oder Nation. Bevor wir uns mit den Auswirkungen dieser verschiedenen Organisationsstrukturen auf die menschliche Kommunikation beschäftigen, wollen wir uns einmal genauer anschauen, in welche Strukturen wir überhaupt eingebettet sind und wie sie entstehen.

Es gibt immer eine Leitfigur

Traditionell gibt es in jeder Gruppe eine Leitfigur, die eine besondere Führungsrolle einnimmt. In der Tierwelt lässt sich dieses Leittier meist sofort als die am deutlichsten herausragende Figur einer Herde identifizieren. Es zeichnet sich durch besondere Stärke und Erfahrung aus, schließlich hat es die Position nicht grundlos verdient. Dieser Rang muss erst einmal errungen und verteidigt werden.

Und bei uns Menschen? Bei uns gibt es natürlich auch sogenannte ‚Leittiere'. Diese sind zum Beispiel:

Organisation	**Position**
Familie	Vater, Mutter
Firma	Chef, Führungskräfte
Verein	Vorstand
Orchester	Dirigent
Politik	Bürgermeister, Bundeskanzler, Minister
Militär	Generäle
Sport	Trainer, Mannschaftskapitän

Neben Leitfiguren, die sich durch eine formale Position auszeichnen, finden wir aber auch zahlreiche weitere Leitfiguren, die eine andere Art von Vorrangstellung besitzen. Dazu gehören unter anderem unsere sogenannten Stars aus Film, Musik und Sport. Sie erobern sich ihren Rang durch herausragende Leistungen oder genießen aus anderen Gründen einen hohen Bekanntheitsgrad in den Medien.

Es sind jedoch nicht nur diese herausragenden Persönlichkeiten, die einen großen Einfluss auf unser Denken und unsere Kommunikation haben. In jeder Gruppe gibt es auch ohne formale Rangordnung eine Feinstruktur und Hierarchie. Diese informelle Struktur gilt es zu beachten, wenn wir innerhalb dieser Gruppen kommunizieren und bestimmte Ziele damit verfolgen.

Die eigene Position finden und erkennen

Aus der Tierwelt wissen wir, dass dort jede Rangordnung mehr oder weniger erkämpft wird. Wir Menschen sind mittlerweile und vordergründig betrachtet ‚kultivierter'; wir schlagen uns in der Regel nicht gegenseitig die Köpfe ein, um unsere Position innerhalb einer Gruppe zu erlangen. Zumindest werden die Machtkämpfe in sogenannten zivilisierten Kreisen nicht mehr mit den bloßen Fäusten ausgetragen. Eine Ausnahme gibt es jedoch: Kinder und Jugendliche. Sie sind noch etwas ursprünglicher und setzen sich durchaus auch körperlich auseinander. Dieses Verhalten ist im Grunde ganz natürlich, wird aber in unserer heutigen Gesellschaft zunehmend unterbunden, was nicht immer positiv für die kindliche Entwicklung ist. Wenn dieser Drang künstlich unterdrückt wird, so wird auf nichtkörperliche und subtilere Methoden ausgewichen. Zwar gibt es dann keine blauen Flecken, aber die dadurch entstehenden psychischen Verletzungen sind viel schwieriger zu korrigieren bzw. zu heilen. Ernsthafte Störungen, auch in der späteren Entwicklung, sind die Folge. Die Kinder lernen nicht rechtzeitig, mit Konflikten umzugehen, und können sich im Laufe ihres Lebens nur sehr schwer durchsetzen.

Die Folge einer solchen Konditionierung sehen wir im Berufsleben. Dort können Konflikte häufig nicht offen ausgetragen werden. Stattdessen werden sie noch viel raffinierter und trickreicher ausgefochten, als wir zunächst vermuten. Hier spricht man dann von ‚Politik', Seilschaften, Schikanen und Mobbing. Die Folgen sind gestresste und demotivierte Mitarbeiter, eine hohe Mitarbeiterfluktuation oder am Ende gar Burnout-Syndrome.

Im familiär-sozialen Bereich, wie in unserer Verwandtschaft, dem Verein oder der Gemeinde, regiert der altbewährte und so innig geliebte Tratsch. Hier erkämpft man sich seine Position in der Gruppe mithilfe der üblen Nachrede.

Die meisten dieser Praktiken werden zwar gesellschaftlich geächtet und zum Teil sogar rechtlich bestraft, trotzdem ist es vermessen zu glauben, dass man dies auf irgendeine Weise abstellen könnte. Die Menschen wollen damit ihre – in der Regel überlegene – Position behaupten und sich auf einer entsprechend hohen Rangstufe einordnen. Heutzutage ist die mehr oder weniger einzig anerkannte Methode, sich seinen Rang zu erobern, etwas zu leisten. Deshalb sprechen wir auch von einer Leistungsgesellschaft. Der Haken ist nur, dass die wenigsten eine stark leistungsorientierte Charakterstruktur besitzen. Nicht-leistungsorientierten Menschen fehlen die entsprechenden Fähigkeiten und sie versuchen, sich entsprechend ihrer anders gearteten Charakterstruktur durchzusetzen. Solche Strategien sind natürlich in einer Leistungsgesellschaft weniger erfolgreich.

Die Sozialstruktur in der Familie

Die Ursprungsfamilie ist die erste organisierte Struktur, mit der wir in unserem Leben konfrontiert werden. In jeder Familie gibt es eine klare Hierarchie. Traditionell ist der Vater oder die Mutter das Familienoberhaupt. Falls mehrere Kinder vorhanden sind, so gibt es auch unter ihnen eine informelle Rangordnung, die vielfach durch das Alter und Geschlecht bestimmt wird. In einigen Ländern und Kulturen genießen Jungen von Geburt an einen höheren Stellenwert als Mädchen. Jedoch sind die Strukturen heutzutage, speziell in den westlichen Ländern, aufgrund der Gleichberechtigung und der hohen Scheidungsraten oft stark verwässert und immer schwerer zu erkennen, dennoch sind sie nach wie vor vorhanden.

Erfahrungen aus der Kindheit

Was wir oft vergessen, ist, dass die Erfahrungen unserer Kindheit uns für den Rest unseres Lebens prägen. Neben der Beziehung zu unseren Eltern sind natürlich auch die Erfahrungen mit unseren Geschwistern von besonderer Bedeutung. Vielfach sind jene durch bewusste und unbewusste Rivalitäten geprägt, die meist auch ein Leben lang bestehen bleiben. Selbst dann noch, wenn die Eltern schon lange verstorben sind und somit der gemeinsame Bezugspunkt fehlt. Und worum geht es bei den Rivalitäten unter Geschwistern? Um die Gunst der Eltern natürlich. Kinder wetteifern um die Aufmerksamkeit und Liebe der Eltern. Dies erkennt man bei kleinen Kindern sehr gut, wenn ein weiteres Kind hinzukommt. Das neue Baby erfährt naturgemäß mehr Aufmerksamkeit. Dies empfinden manche Geschwister als Bedrohung und reagieren deshalb teilweise sehr aggressiv auf den Neuankömmling. Diese Rivalität um die Gunst der Eltern setzt sich dann später fort, selbst wenn man längst erwachsen ist.

Doch wie kommt es überhaupt zu diesen Rivalitäten? Egal wie gerecht die Eltern auch sein mögen, die Eifersucht lässt sich vielleicht abschwächen, aber kaum gänzlich verhindern. Der tiefere Grund liegt in unseren verschiedenen Charakterstrukturen, die wir in unserer frühen Kindheit ausgebildet haben und die nur sehr schwer zu verändern sind. Jedes Kind hat aufgrund seiner individuellen Persönlichkeit auch unterschiedliche Bedürfnisse, die erfüllt werden wollen. Wird ein Kind in den Augen der anderen

Kinder von den Eltern bevorzugt, so muss es dafür kurzerhand bekämpft werden. Es spielt überhaupt keine Rolle, ob es tatsächlich mehr Aufmerksamkeit bekommt. Die objektiven Gründe sind in dem Fall nicht relevant. Es ist die subjektive Empfindung, die den Ausschlag gibt.

Stellen Sie sich jetzt einmal vor, ein sogenanntes Lieblingskind macht seinen Geschwistern einen gut gemeinten Vorschlag. Wie groß ist die Chance, dass er bereitwillig geprüft und angenommen wird? Oft prallt in solch einem Fall selbst der beste Vorschlag auf extremen Widerstand. Und wie bereits erwähnt, behalten wir dieses Verhalten untereinander auch im Erwachsenenalter bei. Es dürfte also niemanden wundern, dass es besonders an Familienfesten immer wieder zu heftigen Auseinandersetzungen unter Geschwistern kommt. Vielleicht können Sie sich jetzt besser vorstellen, warum manche Geschenke selbst unter Familienmitgliedern nicht angenommen werden.

Die Frage ist, was würde passieren, wenn ein Außenstehender genau denselben Vorschlag macht? Jemand, der von dieser Familie als Autorität anerkannt ist. Die Wahrscheinlichkeit ist hoch, dass ein und derselbe Vorschlag plötzlich das Interesse weckt. Eigentlich ist es vollkommen egal, um welchen Vorschlag es sich dabei handelt. Das ‚Lieblingskind' hingegen wird vermutlich lernen, sich aus Angst vor Ablehnung zurückzunehmen, und diese Verhaltensweise auch im Erwachsenenalter beibehalten. Besser, man wird geliebt, als dass man erfolgreich ist …

Gruppenzwang im Vorschulalter

Wie Kleinkinder mit Informationen umgehen, die sie von Gleichaltrigen erhalten, haben Wissenschaftler vom Max-Planck-Institut für evolutionäre Anthropologie in Leipzig und für Psycholinguistik in Nijmegen, Niederlande, erforscht. Sie fanden heraus, dass bereits Vierjährige einem Gruppenzwang unterliegen.

An der Studie nahmen insgesamt 96 vierjährige Mädchen und Jungen teil. Es wurden 24 Gruppen zu je vier Kindern untersucht. Die Kinder erhielten scheinbar identische Bilderbücher. Auf den jeweils 30 Doppelseiten waren Tierfamilien dargestellt. Links waren Mutter, Vater und Kind zusammen, rechts nur jeweils ein Familienmitglied dargestellt. Die Kinder sollten nacheinander beschreiben, was sie auf den Bildern sehen. Doch nur drei der Bücher waren tatsächlich identisch, beim vierten war manchmal ein anderes Bild zu sehen. Davon wussten die Kinder natürlich nichts. Sie dachten, dass sie alle die gleichen Bücher vor sich hätten. Von den 24 Kindern, die das abweichende Bild vor sich hatten, passten sich 18 Kinder in einem oder mehreren Fällen der mehrheitlichen Einschätzung an, benannten also nicht das, was sie wirklich sahen, sondern wiederholten das, was sie zuvor von den anderen Kindern gehört hatten.

Aus welchen Gründen sich bereits Vorschulkinder der Mehrheit anpassen, untersuchten die Forscher im zweiten Teil der Studie. Abhängig davon, ob eine Lampe leuchtete oder nicht, sollten die Kinder nun die richtige Lösung entweder laut aussprechen oder still auf das entsprechende Tier zeigen, sodass nur der Studienleiter, nicht aber die anderen Kinder, die Antwort sehen konnten. Von den 18 Kindern, die sich zuvor der Mehrheitsmeinung angepasst hatten, übernahmen zwölf in einem oder mehreren Fällen die Einschätzung der Mehrheit, wenn sie ihre Antwort laut aussprechen mussten. Sollten sie hingegen still auf die richtige Antwort zeigen, übernahmen nur noch acht die Mehrheitsmeinung. Die Vierjährigen passten also in erster Linie ihre öffentliche, weniger aber ihre private Antwort an die Mehrheit an. Das deutet darauf hin, dass die Anpassung vor allem soziale Gründe hat, wie zum Beispiel die Akzeptanz innerhalb der Gruppe.

Quelle: Forschungsgruppe für Vergleichende Kognitive Anthropologie, Max-Planck-Institut für evolutionäre Anthropologie, Leipzig

Die sozialen Strukturen in Unternehmen

Fast alle Unternehmen sind hierarchisch aufgebaut. Besonders große Konzerne meinen diese Gliederung zu brauchen, um das Unternehmen effizient zu managen. Die Entlohnung wird oft transparent und mit geringer Variationsbreite gehandhabt. Wer jetzt jedoch denkt, hier geht es um Gerechtigkeit und Transparenz, der ist wohl eher der offiziellen Imageaussage zum Opfer gefallen. Der Zweck dieser starren Entlohnung ist vielmehr der Versuch, interne Querelen und Neidfaktoren auszuschalten. Mit diesem System sollen Machtkämpfe reduziert und die Produktivität erhöht werden.

Wenn Sie je in einem größeren Unternehmen tätig waren, können Sie sicherlich bestätigen, dass die Effizienz relativ leicht gesteigert werden könnte. Manchmal zieht sich der Prozess einer Entscheidungsfindung dermaßen in die Länge, dass die eigentliche Durchführung und Umsetzung deutlich weniger Zeit in Anspruch nimmt als der Entscheidungsprozess. Warum diskutiert man also so lange? Weil es Spaß macht? Der einzelne Mitarbeiter ist selten am direkten Unternehmensgewinn beteiligt. Er bekommt ein festes Gehalt. Für ihn ist es wichtiger, seine Position im Unternehmen zu halten, als sich um die Produktivität und den Unternehmenserfolg zu sorgen. Dazu gehört es, seinen sozialen Status in der Unternehmensstruktur zu wahren und zu verteidigen. Deshalb bemüht man sich, niemanden zu übergehen oder sich zum Feind zu machen. Denn man selbst möchte auch nicht übergangen werden. Dies führt dann zu sehr langen Entscheidungsprozessen. Die Anerkennung der Vorgesetzten, der Status im Team und damit die Sicherung der eigenen Position sind dann wichtiger als der eher geringe Bonus am Jahresende.

Das eigene Ansehen

Stellen Sie sich vor, Sie bewerben sich auf eine Stelle: Mit welcher Bezeichnung fühlen Sie sich wohler: „Vice President Vertrieb“ oder „Verkaufsleiter“? Haben Sie sich entschieden? Die meisten Menschen wählen an dieser Stelle „Vice President Vertrieb“. Doch wie kann sich die eine Berufsbezeichnung besser anfühlen als die andere, wenn sie doch dasselbe meint? Schuld ist unsere Gesellschaft, die unsere soziale Anerkennung durch einen künstlich aufgeblähten Titel enorm erhöht.

Wenn es keine derartigen Anerkennungsmechanismen gäbe, wie viele Leute würden dann weiterhin für den Doktor-, Professoren- und Adelstitel in die Tasche greifen, um sich diesen unrechtmäßig zu erwerben? Wer würde sich noch den Mühen einer Doktorarbeit unterziehen? Sobald kein Prestigegewinn oder ein möglicher Einkommensvorteil mehr locken, könnte auch die Macht des Titels verschwinden, von dem sich extrem viele Menschen auch heute noch beeindrucken lassen.

All diese verdeckten Motivationen wirken sich auf unsere Kommunikation aus. Offiziell geht es zum

Beispiel in Diskussionen oder Besprechungen angeblich immer ‚um die Sache'. Doch der eigentliche Antrieb zu kommunizieren, ist häufig einzig und allein, seine eigene Position innerhalb einer Gruppe zu stärken. Das ist auch der Grund, warum Vorschläge, die tatsächlich gut sind, schnell abgelehnt werden, wenn sie von einer Person ‚niederen Ranges' geäußert werden. Sobald der- oder diejenige im übertragenen Sinn wenig ‚zu sagen hat', verliert auch deren Idee automatisch an Wert. Bei näherer Betrachtung wird es offensichtlich: Selbst im harten Geschäftsleben, wo Entscheidungen ja ‚rein objektiv' gefällt werden, ist es viel wichtiger, wer eine Empfehlung gibt, als was eine Empfehlung eigentlich inhaltlich besagt. Diesem Phänomen hatten wir uns ja auch bereits im letzten Kapitel unter anderem Vorzeichen gewidmet.

So eine Situation musste ich im Berufsleben selbst schon erleben. Damals wurde ein bei mir von der Geschäftsleitung angefordertes Angebot nicht weitergereicht, weil es bzw. ich einem zwischengeschalteten Manager nicht ‚in den Kram passte'. Ohne den direkten Kontakt zur Geschäftsleitung hätte ich wohl Aufträge in sechsstelliger Höhe verloren.

Im Beratungsgeschäft ist solch ein Verhalten weitgehend akzeptiert. Wie oft wird eine teure Unternehmensberatungsfirma engagiert, um die Geschäftsleitung ‚neutral' zu beraten? Die tatsächlichen Entscheidungen sind dann fast immer bereits im Vorfeld getroffen worden. In der Regel muss eine unangenehme Veränderung im Betrieb durchgeführt werden wie zum Beispiel die, einen Teil der Belegschaft zu entlassen. Um diesen Entschluss gegen die Interessen des Betriebsrates und des Personals durchzusetzen, braucht es einen vorgeschobenen externen Berater, der im Zweifelsfall gleichzeitig als ‚Sündenbock' dient.

Vereine und soziale Organisationen

In Vereinen und sozialen Organisationen finden wir ähnliche Organisationsstrukturen. Jedoch treten hier klare ökonomische Ziele wie Gewinn oder wirtschaftlicher Erfolg stärker in den Hintergrund. Hier geht es eher um die Selbstverwirklichung bzw. persönlichen Ziele der (Haupt-)akteure. Für eine zielgerichtete Kommunikation ist hier eine genaue Kenntnis des Beziehungsgeflechts unabdingbar.

Öffentliche Leitfiguren

Die sogenannten Stars üben im gesellschaftlichen Kommunikationsprozess eine wichtige Funktion aus. Sie sind im Grunde die wahren Leitfiguren eines Volkes.

Ein erfolgreicher und entsprechend bekannter Sportler, Schriftsteller, Unternehmer, Schauspieler oder Künstler kann mit seiner veröffentlichten Meinung mehr bewirken als die meisten Politiker in ihrer gesamten Laufbahn. Je höher das Ansehen und die Bekanntheit einer Person, desto höher ist ihr Einfluss auf die allgemeine Meinungsbildung. Da sollte es keinen mehr wundern, dass die Stars von der Werbeindustrie und den Medien so massiv umworben werden.

Doch nicht nur die Medien nutzen die Popularität der Stars. Wir tun es selbst auch. Zum Teil völlig unbewusst und manchmal auch ganz gezielt. Indem wir die Aussagen bekannter Persönlichkeiten zitieren und als Referenz nutzen, ‚verbinden' wir uns mit ihrer Meinung. Das Spannende ist, dass die Personen auf dem Gebiet, zu dem sie Stellung nehmen, nicht einmal besonders kompetent sein müssen. Die Psychologie verrät, dass wir den Leitfiguren, die wir bewundern, ähnlich sein wollen. Wenn wir schon nicht mit ihnen sprechen oder sie körperlich berühren können, so wollen wir wenigstens ihre Meinung teilen.

Probieren Sie es aus:

Verfolgen Sie die nächste Diskussion in Ihrer Familie, in der Firma oder Ihrem Sportverein. Wie wird argumentiert? Ist die Argumentation wirklich sachlich? Wer schließt sich welcher Meinung an? Testen Sie dabei Ihren Status, indem Sie eine gegensätzliche Meinung vertreten, die gar nicht die Ihre ist. Wer wird Ihrer Meinung folgen? Sie werden erstaunt sein!

Was bedeutet dies für unsere Kommunikation?

Wenn wir mit unserer Art zu kommunizieren erfolgreich sein wollen, so sollten wir die jeweiligen formalen und sozialen Strukturen des Umfelds, in dem wir uns äußern wollen, kennen. In einer Firma scheint es uns selbstverständlich, dass wir unseren Vorgesetzten auf der Sachebene für unsere Ideen gewinnen müssen. Aber dies reicht im Allgemeinen nicht aus. Wir sollten auch das soziale Geflecht betrachten. Dies gilt umso mehr für das Kommunizieren in der Familie und in Vereinen. So können wir uns viel Stress und Enttäuschungen ersparen.

Im Geschäftsleben wird es im Bereich Vertrieb bereits häufig schon so gehandhabt, dass die soziale Ebene von Transaktionen stärker berücksichtigt wird. Oft wird, wie an anderer Stelle bereits erwähnt, bei großen Aufträgen ein ganzes Team eingesetzt, um die sozialen Strukturen eines Unternehmens in größerem Maßstab zu erkunden und die Entscheidungen auch an der Unternehmensbasis zu beeinflussen.

Es reicht nämlich nicht, nur den Vorstand für eine neue Technologie oder Auftragsvergabe zu gewinnen. Schließlich und endlich muss sie von allen Abteilungen, die nicht selten sogar in Konkurrenz stehen, mitgetragen werden.

Wie in einem vorangegangenen Kapitel bereits beschrieben, ist es in Asien, Afrika und vielen anderen Ländern fast unmöglich, Geschäfte zu machen, wenn man die sozialen Strukturen in einem Unternehmen nicht kennt. Oft wird großer Aufwand betrieben, um eine Vertrauensbeziehung zu den jeweiligen Entscheidern herzustellen. Dazu wird in der Regel eine Kette von Mittelsmännern eingesetzt, die als ‚Türöffner' benötigt werden. Jeder dieser Mittelsmänner wird natürlich am Erfolg beteiligt, was zu sehr hohen Vertriebskosten führt. Dieses Vorgehen wird oft mit Bestechung verwechselt.

Die Kenntnis der sozialen Beziehungen ist ebenso im Management hilfreich. Ich hatte einmal zwei freie Mitarbeiter, die befreundet waren. Der eine Mitarbeiter war meinen Ideen gegenüber fast immer aufgeschlossen, während sich der andere fast immer ablehnend verhielt. Da ich keine direkte Weisungsbefugnis hatte, war das für mich manchmal ein Problem. Als ich das erkannte, habe ich erst dem einen Mitarbeiter meine Idee nahegebracht. Am besten so, dass er sich an der Ideenfindung beteiligt fühlen und die Idee auch als seine eigene empfinden konnte. Danach war es auch kein Problem mehr für den anderen Mitarbeiter, diese auch zu akzeptieren. Ruhm für die Idee wurde mir so zwar nicht zuteil, aber dafür kam ich zu einem schnellen Ergebnis.

Die Wirkung der Medien

In den letzten Jahren sind mir bezüglich unserer Massenmedien ein paar Dinge aufgefallen, die mich arg verwundern. Betrachten wir doch einmal unsere explizit auf Nachrichten spezialisierten Sender im Fernsehen. Es lässt sich beobachten, dass der Inhalt der Nachrichtensendungen den ganzen Tag über fast gleich bleibt. Meist handelt es sich dabei um nicht mehr als zehn bis 15 verschiedene, gleichlautende Meldungen. Und das Erstaunliche ist, diese Meldungen unterscheiden sich nicht einmal von Sender zu Sender. Hat man sich abgesprochen?

Im Radio sieht es ähnlich aus. Selbst dann, wenn Sie einmal eine Reise von München nach Hamburg machen, bleibt der Inhalt der Nachrichten fast gleich, auch wenn sie von verschiedenen Sendern produziert und ausgestrahlt werden. Wie kann das sein? Man könnte den Eindruck gewinnen, dass die Nachrichten an zentraler Stelle ausgewählt und produziert werden. Wo ist die Meinungsvielfalt geblieben und welche Folgen hat das für unsere Kommunikation?

Gibt es so wenig zu berichten?

Tatsache ist, dass es weltweit nur noch ein paar wenige Nachrichtenagenturen gibt. Diese versorgen die Presse, das Radio und das Fernsehen weltweit mit den aktuellsten Meldungen. Der Nachrichtenstrom besteht aber keineswegs nur aus diesen wenigen Ereignissen. Im Laufe eines einzigen Tages werden Hunderte oder gar Tausende von Meldungen von den Agenturen produziert. Wie kann es also sein, dass nur so wenige davon in die Nachrichtensendungen gelangen? Warum werden so viele unter den Teppich gekehrt? Verwunderlich ist, dass fast überall – abgesehen von kleinen Variationen – dieselben Botschaften ausgewählt werden. Gibt es etwa nur eine Handvoll Redakteure, die sozusagen vorfiltern, was wir erfahren sollen?

Angst und Schrecken

Hinzu kommt, dass fast nur negative Nachrichten ausgewählt werden, bei denen auch noch eine Neigung zur Übertreibung zu beobachten ist. Dies fällt dann besonders auf, wenn die Nachrichten aus einem anderen Land stammen. Zum Beispiel bei Naturkatastrophen sieht die Lage vor Ort oft anders aus, als sie in den Medien beschrieben wird. Ich habe das persönlich beobachten können. Die Frage drängt sich auf, was man damit bewirken will. Will man die Bevölkerung bewusst verängstigen? Handelt es sich um eine Strategie, bestimmte politische Entscheidungen leichter durchsetzbar zu machen, indem man das Problem größer darstellt, als es eigentlich ist? Gleichzeitig wird unsere Meinung durch die gezielte Auswahl der Meldungen und veröffentlichten Meinungen stark beeinflusst.

Der psychologische Effekt

Was geschieht mit uns, wenn wir kontinuierlich mit ein und derselben Information konfrontiert werden?

1. Der vermeintliche Wahrheitsgehalt erhöht sich, subjektiv gesehen. Wenn etwas von so vielen Seiten kundgetan und von mehreren Sendern und Zeitungen bestätigt wird, dann ist die Nachricht vermutlich wahr. Es gibt also tatsächlich keinen Grund, daran zu zweifeln. Schließlich

sind Journalisten der Wahrheit verpflichtet. Davon gehen wir zunächst aus. Aber darauf können wir uns nun wirklich nicht mehr verlassen. Manch Leichtgläubiger mag immer noch annehmen, dass veröffentlichte Nachrichten hieb- und stichfest recherchiert wurden. Was viele nicht wissen, die meisten Veröffentlichungen werden heute eins zu eins von den Nachrichtenagenturen übernommen und sind nicht durch eigene Journalisten recherchiert oder überprüft worden.

2. Es entsteht eine große Hemmschwelle, Nachrichten öffentlich in Zweifel zu ziehen. Wer sich dennoch traut, der wird oft lächerlich gemacht. So viele Presseorgane können ja schließlich nicht lügen. Oder? Die Menschen sind oft wahre Meister, wenn es darum geht, schmerzhafte Tatsachen zu verdrängen. Erst in jüngster Vergangenheit haben wir erlebt, dass Kriege durch manipulierte Nachrichten initiiert wurden oder erinnern Sie sich doch nur einmal an die Anfänge der Klimadiskussion. Mittlerweile hat man doch auch erkannt, dass die Motivation für diese Kampagne nicht nur die Rettung der Welt ist, sondern dass auch milliardenschwere Geschäftsinteressen verschiedener Branchen dahinterstecken. Darüber hinaus ist die wissenschaftliche Meinung zu diesem Thema nicht einhellig, wie uns glauben gemacht wird. Einige der als unumstößlich dargestellten wissenschaftlichen Modelle und Berechnungen werden von anderen renommierten Wissenschaftlern ernsthaft bezweifelt und sind als fragwürdig angesehen.
3. Die systematische Wiederholung wirkt wie ein Mantra. Die Information ‚brennt‘ sich förmlich

in unser Unterbewusstsein ein. Das Schlimme daran ist, dass wir uns dem Vorgang kaum bewusst entziehen können. In gewisser Art und Weise werden wir regelrecht ‚programmiert'.
4. Durch die ständige Wiederholung der Nachrichten und die ‚Gleichschaltung' der verschiedenen Sender wird sichergestellt, dass ein Großteil der Bevölkerung mindestens einmal mit den Informationen konfrontiert wird. Das Gelesene, Gehörte und Gesehene ist dann Gesprächsthema in der Bevölkerung, was zur weiteren Verbreitung führt und die Punkte 1 bis 3 verstärkt.

Kein Wunder, dass mittlerweile alle Meldungen, egal ob sie nun wahr oder falsch sind, zu unumstößlichen Tatsachen werden! Die Frage ist doch, was geht in der Welt tatsächlich vor sich, werden wir wirklich umfassend und vor allem wahrheitsgemäß informiert?

Medienopfer

Diese Struktur und Art der Nachrichtenverbreitung birgt eine große Gefahr für den Einzelnen. Speziell dann, wenn es sich um Personen des öffentlichen Lebens handelt. So mancher Politiker hat das in den letzten Monaten und Jahren zu spüren bekommen. Selbst ein Vorwurf, der sich später als unhaltbar oder sogar fingiert entpuppt, kann dem Einzelnen leicht zum Verhängnis werden, auch dann, wenn er sich gar nichts zu Schulden hat kommen lassen.

Auswirkung auf das Kommunikationsverhalten

Geben Sie Ihre Meinung überall preis, zum Beispiel Ihre politische Sichtweise? Wenn wir ehrlich sind, tut das fast niemand. Selbst dann nicht, wenn es sich um so harmlose Dinge wie die Begeisterung für einen bestimmten Fußballklub handelt. Wir überlegen für gewöhnlich erst sehr genau, wen wir vor uns haben. Viele verstecken ihre eigene Meinung auch hinter den Ansichten der Medien oder ziehen sogar eine andere Haltung gar nicht erst in Erwägung. Am Ende entsteht der Eindruck, alle Menschen wären der gleichen Meinung – der Meinung aus den Medien!

Sind sie auch ‚politisch korrekt'?

Auch wenn wir es nicht unbedingt zugeben wollen, in Wirklichkeit verbirgt sich eine unbewusste, aber durchaus berechtigte Angst dahinter, die eigene Einstellung zu vertreten. Ähnlich wie bereits die Vierjährigen in dem zuvor beschriebenen Experiment, fürchtet man sich vor gesellschaftlichen Repressalien, d. h. davor, ein Außenseiter zu werden. Doch was viele ausblenden, der Einfluss der Medien bezieht sich nicht nur auf politische Themen. Wir werden durchaus mit direkten oder indirekten Aussagen über Produkte, die wir im Alltag nutzen, über wissenschaftliche Theorien, gesundheitliche Therapien und soziales Verhalten konfrontiert. Und diese betreffen unser persönliches Leben meist noch viel unmittelbarer bzw. offensichtlicher als politische Entscheidungen, auf die viele Menschen glauben keinen Einfluss zu haben. Eins sei Ihnen versichert, dieses Büchlein ist mit Sicherheit nicht politisch korrekt!

Wie schaffen Sie es, eine eigene Meinung zu äußern?

Das kommt für Sie generell nicht infrage? Allein die Vorstellung ist schon entmutigend? Je stärker die eigene Meinung von derjenigen der Medien abweicht, umso schwieriger wird es, sie zu vertreten. Die vorherrschende Medienmeinung wird immer noch von vielen Menschen als Tatsache angesehen und nicht als Meinungsäußerung. Egal wie gut unsere Argumente von Fall zu Fall auch sein mögen, sie werden von unseren medienkonformen Gesprächspartnern nicht akzeptiert bzw. einfach ausgeblendet.

Doch selbst das ist keineswegs hoffnungslos! Für alle, die sich einer solchen Herausforderung stellen möchten, habe ich einen sehr effektiven Tipp:

Verwenden Sie die Technik des Fragens!

Angenommen Sie diskutieren über ein aktuelles Thema, das gerade die Medien beherrscht, und Sie haben eine abweichende Meinung dazu. Wenn Sie die vorgegebene Meinung erst vorsichtig hinterfragen und sie nicht einfach als falsch darstellen, gibt man Ihnen viel eher eine Chance. Sobald Ihr Gesprächspartner seine vorgefasste Meinung zu überdenken beginnt, ist er viel leichter in der Lage, sich eine eigene Meinung zu bilden. Mit dieser Technik konnte ich schon viele Menschen wachrütteln. Sie funktioniert übrigens auch bei Themen, die Sie rein persönlich betreffen, oder auch dann, wenn Sie zum Beispiel Änderungsvorschläge im beruflichen Kontext äußern möchten. Es ist viel leichter für Ihren Gesprächspartner, einen abweichenden Standpunkt einzunehmen, wenn er aus eigener Einsicht entsteht.

Die unbewussten Faktoren der Kommunikation

In unserem Körper laufen viele Dinge ganz automatisch ab, ohne dass sie uns also bewusst sind. Viele dieser Vorgänge könnten wir auch gar nicht bewusst steuern, selbst wenn wir es wollten. Hierzu gehören der Herzschlag, die Verdauung und die Funktion der meisten Organe. Selbst die Atmung läuft meist unbewusst ab, es sei denn, wir lenken gezielt unsere Aufmerksamkeit auf sie. All diese Vorgänge werden von unserem Gehirn bzw. vom sogenannten vegetativen Nervensystem bis ins Kleinste gesteuert und wir merken, solange wir gesund sind, in der Regel nichts davon.

Und dann gibt es da noch unser Unterbewusstsein, das einen Großteil unseres Verhaltens mit steuert. Aber im Gegensatz zu den Funktionen des vegetativen Nervensystems, auf die man nicht oder nur sehr indirekt willentlich einwirken kann, gibt es im Fall unserer unterbewusst gesteuerten Verhaltensweisen durchaus Möglichkeiten, auf sie Einfluss zu nehmen. Doch dazu später mehr. Verhaltensweisen, die tagtäglich überwiegend unbewusst ablaufen, bezeichnen wir als Gewohnheiten bzw. (zur Gewohnheit gewordene) Fertigkeiten. Es sind meistens Vorgänge, die uns durch häufige Wiederholung so in Fleisch und Blut übergegangen sind, dass wir nicht mehr über sie nachdenken. Dies ist in vielen Fällen sehr nützlich, ja zum Teil sogar lebensnotwendig bzw. lebensrettend, da ein bewusstes Nachdenken über bestimmte, automatisierte Handgriffe schnellem Handeln zuwiderlaufen würde. Denken Sie nur einmal ans Autofahren oder an sportliche Aktivitäten oder daran, wie zum

Beispiel Piloten auf das Verhalten in Notsituationen trainiert werden. Beim genauen Hinsehen stellen wir fest, dass sich unser Leben sogar zum größten Teil ohne bewusste, willentliche Steuerung abspielt.

Auch unsere Kommunikation ist natürlich stark von unserem Unterbewusstsein mit geprägt. Wie wir auf die Worte und Aussagen anderer reagieren, geschieht sehr häufig genau so unbewusst wie das Bedienen der Gangschaltung beim Autofahren.

Das oben Gesagte ist Ihnen sicherlich bekannt und deckt sich mit Ihren Erfahrungen. Darüber hinaus gibt es allerdings weitere Faktoren, die weniger bekannt sind, aber noch einen viel größeren Einfluss auf unser gesamtes Verhalten haben. Diese Faktoren entziehen sich unserem normalen Bewusstsein, weil die wenigsten Menschen sie je bewusst betrachtet haben. Hierzu werden wir einige Aspekte der Biologie, und zwar in erster Linie die Funktionsweise unseres Gehirns und Gedächtnisses, ansehen und sie zu unserem Thema Kommunikation in Beziehung setzen.

Wo befindet sich der Bauplan für Ihren Körper?

In der DNA? Im Schulunterricht haben wir gelernt, dass jeder Körper aus einer befruchteten Eizelle durch wiederholte Zellteilung entsteht. Der gesamte Bauplan, so heißt es, befindet sich in der DNA. Genauer gesagt, im Zellkern. Er wird mit jeder Zelle immer und immer wieder kopiert. Das klingt soweit erst einmal recht plausibel. Doch woher weiß die einzelne Zelle eigentlich, dass sie nun eine Herz-, Leber-, Knochen- oder Gehirnzelle werden soll? Angenommen, die DNA ist in allen Zellen gleich, dann gibt es doch keine Informationsdifferenz, die eine Herz- von einer Gehirnzelle unterscheidet. Auf diese Frage, woher die einzelne Zelle diese Information hat und wie dieser Entwicklungsprozess gesteuert werden kann, hat die westliche Wissenschaft kaum eine Antwort, geschweige denn ein schlüssiges Erklärungsmodell dafür. Denn wenn die DNA als Erklärung für unsere Entwicklung zum Menschen ausreichen würde, dann entspräche das der folgenden Analogie: Stellen Sie sich vor, Sie wollen ein Haus bauen und haben einen Haufen Steine. Sie kopieren den Bauplan des Hauses auf jeden einzelnen Stein. Obwohl alle Informationen und Details auf jedem Stein vorhanden sind, kann der einzelne Stein nicht entscheiden, welchen Platz er im Haus einnehmen soll, ob er zum Beispiel am Fensterausschnitt oder an der Türaussparung mitwirken soll. Dies bedarf weiterer Informationen bzw. einer intelligenten Entscheidung. Dazu braucht man den Maurer und sonstige Handwerker, die diese Entscheidung treffen.

Doch was für eine ‚Instanz' gibt es in unserem Körper, die diese Entscheidungen trifft? Oder gibt es irgendwo in den Zellen noch eine weitere Information, die bisher bloß übersehen wurde? Diese Frage konnte von der traditionellen Biologie bisher nicht beantwortet werden, zumindest nicht schlüssig.

Wo befindet sich unser Gedächtnis?

Wir haben alle ein Gedächtnis, das unser gesamtes Erleben bis ins kleinste Detail aufzeichnet. Nicht nur das, was wir mit unseren Augen und Ohren wahrnehmen, sondern auch das, was wir riechen, fühlen und spüren. Einfach alles. Eine Herausforderung für uns ist es, auf all diese Aufzeichnungen wieder zugreifen zu können, wenn wir es möchten. Mit unserem normalen Alltagsbewusstsein haben wir nur Zugang zu einem Teil des von uns Gelernten bzw. Erlebten. Unter bestimmten Umständen jedoch, wie zum Beispiel unter Hypnose, können sich die meisten Menschen an jedes noch so kleine Detail bis zurück in die Kindheit erinnern.

Nun, wo befindet sich unser Gedächtnis? „Im Gehirn", werden Sie jetzt vermutlich sagen. Und wo genau dort? Die Frage nach dem physischen Sitz unseres Gedächtnisses ist nämlich noch nicht beantwortet. Die Wissenschaft erklärt uns zwar, dass das Gedächtnis in unserem Gehirn bzw. irgendwo in den Zellen unseres Körpers gespeichert ist, doch das konnte man bisher nicht nachweisen. Selbst aufwendige Tierexperimente mit Ratten zeigten etwas ganz anderes auf. Den Ort, an dem die dressierten Ratten ihre erlernten Fähigkeiten gespeichert hatten, konnte man nicht ausfindig machen. Egal, welcher Teil des Gehirns oder des Körpers operativ entfernte wurde, die Versuchstiere behielten ihre erlernten Fähigkeiten vollständig bei.

Auch wenn es nicht dem vorherrschenden Bild der westlichen Wissenschaft entspricht, sollten wir die Möglichkeit in Betracht ziehen, dass das Gedächtnis nicht auf einem physischen Medium, ähnlich wie auf einer Computerfestplatte, lokalisiert ist. Es könnte sogar sein, dass es sich außerhalb unseres (stofflichen) Körpers befindet.

Wie funktioniert die Informationsübertragung im Körper?

Für die gängige Biologie ist der menschliche Körper und der aller Säugetiere eine Art ‚biologische Maschine', in der rein physikalisch-chemische Prozesse ablaufen. Informationen im Körper werden demzufolge allein durch Enzyme und Botenstoffe übermittelt. Die Übertragungsdauer in unserem Körper liegt nach dieser gängigen Auffassung im Millisekundenbereich.

Doch das stimmt nicht mit anderen experimentellen Messungen überein. Forscher haben herausgefunden, dass die Übertragungsgeschwindigkeit einer Information fast Lichtgeschwindigkeit erreicht. Wie kann das sein?

Fritz-Albert Popp war in den Siebzigerjahren des letzten Jahrhunderts als Biophysiker an der Universität Marburg tätig. Ihn beschäftigte unter anderem die Frage, was Krebs ist und wie er entsteht. Hierzu griff er Forschungen des Russen Alexander Gurwitsch auf. Diese ließen den Schluss zu, dass Zellwachstum nicht nur durch ultraviolettes Licht ausgelöst wird, sondern dass Zellen wiederum selbst Licht ausstrahlen können. Von dieser Erkenntnis ausgehend, postulierte er eine neue Theorie über Krebs, die er damals an der medizinischen Fakultät vortrug. Er stieß bei den Medizinern auf heftigste Ablehnung. Man riet ihm, erst einmal den Nachweis vom Licht, das von Zellen ausgestrahlt wird, zu erbringen. Daraufhin wurde von ihm die Entwicklung eines Lichtverstärkers angestoßen, mit dem man selbst ein einzelnes Photon oder Lichtteilchen nachweisen kann. Mit dieser Technologie gelang es nachzuweisen, dass Licht von unseren Zellen empfangen und im DNA-Molekül gespeichert wird, und dass es tatsächlich auch wieder abgegeben werden kann. Popps Experimente ergaben auch, dass es sich bei dem von den Zellen ausgestrahlten Licht ebenfalls um ultraviolettes Licht im Spektrum des natürlichen Sonnenlichtes handelt und dass über dieses Licht Informationen übertragen werden. Seine Experimente wurden an zahlreichen internationalen Universitäten wiederholt und die Ergebnisse bestätigt.

Es bleibt noch zu bemerken, dass diese Erkenntnisse bis heute keinen breiten Anklang in der medizinischen Forschung gefunden haben. Die Technologie wird jedoch angewandt, um Nahrungsmittel auf ihre Frische bzw. Lebendigkeit zu testen, denn tote Zellen strahlen nicht mehr.

Welche Funktion haben unsere unbewussten Gedanken?

Ein hoch spannendes Thema sind unsere Gedanken. Von der Naturwissenschaft wird geschätzt, dass jeder Mensch im Schnitt so zwischen 20 000 und 80 000 Gedanken hat. Im Monat? Nein, jeden Tag! Von diesen täglichen Gedanken sind uns aber nur ca. zwei Prozent bewusst. Das heißt aber auch, dass 98 Prozent unserer Gedanken unbewusst sind. Aber was sind unbewusste Gedanken? Und woher sollen wir wissen, dass sie existieren? Wenn sie unbewusst sind, nehmen wir sie ja nicht wahr. Es ist ganz einfach. Dass wir überhaupt unbewusste Gedanken haben, können wir beim Autofahren, beim Zähneputzen oder ähnlichen Tätigkeiten beobachten. Irgendwann haben wir diese Fertigkeiten einmal erlernt. Anfangs mussten wir genau darüber nachdenken, wie wir jede einzelne Bewegung ausführen, damit unsere Zähne wirklich sauber werden. Dazu waren bewusste Gedanken notwendig. Zahnbürste in die eine Hand, Zahncreme in die andere, Zahnbürste in den Mund und von oben nach unten usw. Nach kurzer Zeit funktionieren Abläufe dieser Art dann aber ganz automatisch, sodass wir sie überhaupt nicht mehr wahrnehmen.

Beobachten Sie sich einmal selbst und versuchen Sie nachzuvollziehen, wie viele Dinge Sie unbewusst tun. An was haben Sie zum Beispiel heute auf dem Weg zur Arbeit gedacht? Welche Vorgänge bekamen Sie tatsächlich bewusst mit? Wo waren Sie mit Ihren Gedanken? Ich vermute mal, beim Ablauf „1. Gang, Gas geben, Kupplung drücken, 2. Gang, Gas geben und zugleich das Lenkrad festhalten“ eher nicht, was meinen Sie?

Nur weil bestimmte Gedanken unbewusst stattfinden, sind sie nicht weniger wirkungsvoll! Im Gegenteil. Sie sind notwendig, um die ganzen komplexen Vorgänge zu steuern, in die wir und unser Körper tagtäglich ‚verwickelt‘ sind.

Wo ist der Ursprung unserer Gedanken und was ist ihre Reichweite?

Die Disziplinen Biologie und Medizin gehen davon aus, dass die Gedanken durch unsere Hirntätigkeit erzeugt werden und dass die Gedanken unser Bewusstsein ausmachen. Demnach wären die Gedanken an unseren Körper gebunden. Doch dieses Modell lässt sich nicht eindeutig bestätigen. Vielleicht ist das Bewusstsein auch die übergeordnete Instanz, die unsere Gedanken bestimmt? Das würde zumindest erklären, warum das Gedächtnis bisher nicht in unserem Körper gefunden wurde. Doch wenn das Gedächtnis nicht in unserem Körper sitzt, können dann die Gedanken auf unseren Körper beschränkt sein? Wahrscheinlich nicht.

Gerade habe ich an dich gedacht – das Phänomen der Gedankenübertragung

Das Telefon klingelt und in dem Moment ist genau die Person in der Leitung, an die Sie gerade eben gedacht haben. Kennen Sie das Phänomen? Oder Sie haben einen Geistesblitz und wissen genau, was Ihr Gesprächspartner als Nächstes sagen wird? Fragen Sie einmal in Ihrer Umgebung, wer so etwas schon einmal erlebt hat. Sie werden feststellen, dass Ihnen die überwiegende Mehrheit von ähnlichen Erfahrungen berichtet.

Wie ist das möglich? Musste unser Anrufer nicht erst einmal den Gedanken hegen, uns anrufen zu wollen, bevor er oder sie das Telefon in die Hand nahm? Ist es nicht denkbar, dass uns dieser Gedanke schon vorher erreicht hat, bevor die Person die Telefonnummer tatsächlich eintippte? Ist so etwas möglich? Oder bilden sich all die Menschen dies nur ein?

Angenommen, es ist kein Zufall und wir wären in der Lage, einen Gedanken von einer anderen Person auch über Entfernungen hinweg wahrzunehmen, dann würde sich das mit Sicherheit nicht nur aufs Telefonieren beschränken.

Haben Sie Lust auf einen kleinen Test?

Beim nächsten Mal auf der Autobahn, wenn Sie überholen wollen und wieder einen hartnäckigen Linksfahrer vor sich haben, setzen Sie nicht den Blinker oder ‚durchbohren' den Fahrer mit der Lichthupe. Probieren Sie etwas ganz Neues. Beruhigen Sie sich wieder und versuchen Sie sich vollkommen emotionsfrei etwas vorzustellen, d. h. versuchen Sie es mit einem Gedanken. Ja, Sie haben richtig gelesen. Einem einzigen Gedanken! Nehmen Sie den Fuß wieder etwas vom Gas und stellen Sie sich vor, der Fahrer möge auf die rechte Spur wechseln, sobald sich eine Lücke ergibt. Stellen Sie sich diesen Gedanken möglichst bildhaft vor, so als wenn der Vorgang sich bereits vor Ihren Augen abspielen würde. Gleichzeitig verbinden Sie dieses innere Bild mit der Absicht, diesen Gedanken an Ihren Vordermann zu schicken. Vergleichen Sie, was erfolgreicher ist – die Lichthupe oder Ihr Gedanke.

Noch ein kleiner Tipp: Denken Sie bitte nur an diese eine Situation, dass der Fahrer bei der nächsten Lücke nach rechts fährt. Ihr Gedanke sollte vollkommen klar sein. Wenn Sie also schon einen hochroten Kopf haben und vor lauter Zeitdruck an nichts anderes denken können, als dass Sie zu spät zu Ihrem Termin kommen, dann klappt es nicht. Genauso wenig wie die Vorstellung, dass es Quatsch ist und sowieso nicht funktioniert. Auch diese Information wird gesendet und bekommt der Fahrer vor Ihnen mit! Glauben Sie mir nicht? Probieren Sie es einfach einmal aus. Es ist für mich viel entspannter, wenn ich die linke Spur auf solch spielerische Weise freibekomme.

Welche Bedeutung haben die feinstofflichen Felder um unseren Körper herum?

In den Zwanzigerjahren des letzten Jahrhunderts wollte der Biophysiker Harald Saxton Burr erforschen, warum bei einigen Tieren verlorene Gliedmaßen nachwachsen können. Bei einer Eidechse können Gliedmaßen komplett nachwachsen. Einfach so. Warum funktioniert das bei Eidechsen, aber bei uns Menschen nicht? Dies war die Fragestellung. Dr. Burr fand während seiner Experimente heraus, dass jeder Organismus, egal ob Pflanze oder Tier, von schwachen elektromagnetischen Feldern umgeben ist. Diese Felder sind sogar schon bei einer befruchteten Eizelle vorhanden. Er konnte zumindest für die Eidechsen nachweisen, dass diese Felder bei der Wiederherstellung von neuen Gliedmaßen eine große Rolle spielen. Diese Felder scheinen also genau jene Informationen zu enthalten, die für die körperliche Struktur der Eidechsen notwendig sind. Die Experimente ließen seiner Meinung nach den Schluss zu, dass diese Felder die Materie bestimmen und nicht umgekehrt.

Erinnern Sie sich noch an das Beispiel mit den Steinen und dem Bauplan Ihres Hauses? Die Funktion, die nötigen Entscheidungen zu treffen, um alle Steine an den richtigen Platz zu bringen, diese Funktion übernehmen die Felder. Sind sie vielleicht das fehlende Schlüsselglied für die Entwicklung unseres Körpers?

Zur Zeit von Burr wurden diese Theorien ernsthaft diskutiert und waren Gegenstand seriöser wissenschaftlicher Forschung. Damals war die Messtechnologie jedoch noch nicht so weit fortgeschritten wie heute. Mittlerweile lassen sich diese Felder mithilfe elektronischer Geräte und Spezialkameras sichtbar machen. Sie sind ständig in Bewegung und stellen eine Form von Energie dar. Dieser Energie wurden je nach Kulturkreis verschiedene Namen gegeben. In östlichen Kulturen spricht man von Chi und Prana. Richard Sheldrick entwickelte unter anderem das Modell von den morphischen Feldern, über die wir alle miteinander verbunden sind. In der westlichen Psychologie prägte C. G. Jung das geistige Modell des kollektiven Unbewussten.

Ein nicht zu vernachlässigender Aspekt ist, dass diese Felder sich auch durch unsere Gedanken ändern, wir also Einfluss auf sie haben. Dies kann man mittlerweile mithilfe von fotografischen Messtechniken sehr leicht nachweisen.

Aber was schätzen Sie, wie groß die Felder sind? Die stärkste Intensität haben sie in einer Entfernung von ein bis zwei Metern um unseren Körper herum. Letzten Endes gibt es bei diesen Feldern jedoch keine räumliche Beschränkung! Es kann lediglich die Intensität abnehmen. Sie können sich das so vorstellen wie bei Magnet- oder Gravitationsfeldern, die auch nicht räumlich beschränkt sind. Das bedeutet, dass sich unsere Felder überlagern und gegenseitig beeinflussen. Da jedes Feld auch ein Träger von Informationen ist, könnte dies auch unseren unbewussten

Zugang zu ‚fremden' Informationen erklären bzw. das Phänomen, dass über diese Felder sogar gezielt Informationen ausgetauscht werden können. Könnte es vielleicht sein, das der Sitz unseres Gedächtnisses in diesen Feldern liegt? Das wäre eine denkbare Möglichkeit.

Der erste Eindruck zählt

Freund oder Feind? Es geschieht blitzschnell; ehe wir uns versehen, ist die Entscheidung auch schon gefallen. Messungen zufolge urteilen wir in Bruchteilen einer Sekunde, ob wir jemanden sympathisch finden oder als unsympathisch einstufen. Vor dem ersten Kennenlernen machen wir uns deshalb gerne besonders hübsch. Wir legen an dem Tag sehr viel Wert auf unsere Kleidung, die Frisur, den Duft, die richtige Körperhaltung usw. Kein Wunder. Wer einen guten ersten Eindruck hinterlässt, steigert seine Chancen enorm. Sei es beruflich oder privat. Darüber sind wir uns absolut im Klaren. Doch der erste Eindruck hat nicht unbedingt etwas mit dem Äußeren zu tun. Selbst bei Personen mit ähnlichem Erscheinungsbild fallen unsere Empfindungen sehr unterschiedlich aus. Dieses Gefühl kommt, ganz einfach gesagt, aus dem Bauch heraus und lässt sich von einer schönen äußeren Hülle nur minimal beeindrucken.

Was sagt Ihr Bauch dazu? Waren Sie je in der Situation, dass Sie einen neuen Mitarbeiter eingestellt haben oder eine sonstige private oder geschäftliche Verbindung eingegangen sind, obwohl Sie anfänglich ein ungutes Gefühl hatten? Ihr Bauch sagte „NEIN", aber die Bedingungen schienen einfach zu perfekt. Alle Zeugnisse und Referenzen entsprachen exakt Ihren Vorstellungen. An sich sprach ja nichts dagegen. Erst einige Monate später kamen die Probleme dann allmählich zum Vorschein. Wie kann es sein, dass Ihr Bauch so viel mehr wusste als Ihr Kopf? Und das schon in weniger als einer Sekunde? Mit den feinen Antennen unserer Menschenkenntnis spüren wir eben sehr genau, wann es sich lohnt und wann wir besser vorsichtig sein sollen.

Das soeben beschriebene Phänomen lässt sich sehr leicht mithilfe des Feldmodells erklären. In einer solchen Situation sind wir in der Lage, die Informationen unseres Gesprächspartners aufzunehmen. Auch wenn es unbewusst geschieht, wird dennoch ein ungutes Gefühl ausgelöst. Leider haben die meistens Menschen es nicht gelernt oder besser gesagt verlernt, auf dieses Gefühl zu hören, da es keine exakte Dekodierung hierfür gibt. Denn diese Gefühle sind bei jedem Menschen etwas unterschiedlich und wir können uns nicht gut darüber verständigen.

Wir wissen heute, dass Entscheidungen, so sehr sie auch von Argumenten untermauert sind, immer mit Gefühlen verbunden sind. Es gibt also nicht den rein logisch denkenden Menschen, der keine Gefühle hat. Lediglich der Grad der Sensibilität für diese Empfindungen ist unterschiedlich. Fast alle unserer Entscheidungen werden über dieses ‚Bauchgefühl' getroffen. Diese Erkenntnis findet zunehmend Einzug in die Managementliteratur. Dort nennt man es dann Management by Intuition, zu Deutsch Management mit Intuition. Man hat nämlich festgestellt, dass sehr erfolgreiche Menschen sehr intuitiv sind und auch in der Lage sind, gemäß ihrer Intuition zu handeln.

Wenn die Theorie stimmt, dass über unsere Felder Informationen unbewusst ausgetauscht werden, ohne dass wir das verhindern können, dann erklärt es die Wirkung des ersten Eindrucks. Es erklärt, warum sich der erste Eindruck nicht einfach mal so geradebiegen lässt und die zweite Chance nichts mehr als eine nette Illusion ist. Nur wenn wir uns wirklich ändern, wechselt unser Feld die Informationen. Mogeln und tricksen gibt es nicht. Und eigentlich ist es auch gut so. Durch einen Kleiderwechsel werden Sie schließlich auch nicht zu einem besseren Menschen, oder?

Die Macht der negativen Gedanken

Oben hatten wir schon erwähnt, dass unser feinstoffliches Feld durch unsere Gedanken verändert wird. Wenn sich unsere Gedanken in unserem Feld widerspiegeln und alle Lebewesen über diese Felder miteinander verbunden sind, dann ergibt es doch endlich einen Sinn, dass wir ab und zu eine unausgesprochene Botschaft ‚mitbekommen'. Mal mehr und mal weniger bewusst.

Was bedeutet das für Sie? Das Wichtigste ist, dass Sie ab heute verstärkt darauf achten sollten, welche Gedanken Sie überhaupt ‚in Ihren Kopf lassen'. Ein negativer Gedanke könnte schließlich eine dementsprechend negative Reaktion auslösen. Damit meine ich jetzt nicht unbedingt, dass sich exakt dieser Gedanke erfüllt, aber er könnte gewisse Auswirkungen haben, die Sie sich gar nicht wünschen. Um das Thema etwas anschaulicher zu gestalten, gebe ich Ihnen ein paar Beispiele:

1. Sie stehen kurz vor einer Prüfung und haben Angst, nicht zu bestehen. Der Prüfer bekommt Ihre negativen Gedanken intuitiv mit. Dabei handelt es sich um einen Prozess, der ihm vermutlich unbewusst bleibt. In seinem Kopf könnten sich dieselben Gedanken formen wie bei Ihnen. Sie gipfeln dann in der Annahme, dass dieser Prüfling, also Sie, die Prüfung nicht

bestehen wird. Was wird wohl passieren?

2. Sie sind mitten in einer Verkaufssituation, die Sie unbedingt mit einem erfolgreichen Vertragsabschluss beenden möchten. Doch Sie hegen die Befürchtung, dass der Kunde wieder nicht kauft. Welche Information bekommt der Kunde unbewusst mit? „Ich werde wieder nicht kaufen“. Und genau das tut er auch – nicht kaufen.
3. Sie haben mittlerweile das dreißigste Vorstellungsgespräch. Wird es diesmal mit der Stelle klappen? Kaum betreten Sie das Firmengebäude, überkommt Sie der Gedanke: „Oh Gott, das wird wieder nichts.“ Wie wird das Gespräch verlaufen? Natürlich wird Ihr potenzieller Arbeitgeber denken, „Oh Gott, das wird wieder nichts“. Werden Sie die Stelle bekommen? Selbstverständlich nicht!
4. Sie sind Single und auf der Suche nach einem neuen Partner. Gerade lernen Sie einen netten Menschen kennen. Der ist aber so nett, dass Sie befürchten, nicht bei ihm landen zu können. Welche Gedanken hat Ihr Gesprächspartner im Kopf? „Ich kann nicht bei ihm oder ihr landen!“ Da die wenigsten Menschen unterscheiden können, ob ein Gedanke ihr eigener ist oder von jemandem sozusagen übernommen wurde, kann ein solcher Gedanke das Kennenlernen doch sehr erschweren oder gar verhindern. Der entgegengesetzte Gedanke von Beginn an wäre der Sache mit Sicherheit sehr viel förderlicher.

Übung: Nehmen Sie sich einen Stift und ein Blatt Papier zur Hand. Denken Sie in den nächsten fünf Minuten an mindestens drei Situationen zurück, in denen Sie auf ähnliche Weise Fehlschläge einstecken mussten.

Bestimmt sind Ihnen jetzt reichlich vergleichbare Erfahrungen eingefallen. Viele unserer Bauchlandungen lassen sich ganz simpel durch unsere eigenen sabotierenden Gedanken erklären. Aus diesem Grund ist es wichtig, positiv zu denken. Wenn das doch so einfach wäre. Denn was oft vergessen wird, wir können noch so viel positiv denken, wenn dies durch unbewusste, kontraproduktive Gedanken zunichte gemacht wird, nützt auch kein vordergründig poitives Denken mehr. Und die Wissenschaft behauptet ja, dass ca. 98 Prozent unserer Gedanken unbewusst sind. Deshalb ist es wichtig, dass wir Einfluss auf unser Unterbewusstsein nehmen, um ein paar von den arg störenden Gedanken zu neutralisieren oder, besser noch, ins Positive zu wenden.

Unser Gedächtnis

Erinnern Sie sich noch an Ihren ersten Kuss? An Ihren 18. Geburtstag? Oder an Ihren letzten Urlaub? Klar. Das waren schließlich wichtige bzw. eindrückliche Ereignisse in Ihrem Leben. Sie können sich diese Ereignisse sehr leicht und plastisch wieder in Erinnerung rufen. Das Gefühl, die beteiligten Menschen, die Umgebung. Ob es warm oder bitterkalt war. Jedes noch so kleine Detail wurde gespeichert. Wo, das ist noch nicht ganz klar. Aber immerhin wissen wir, dass die Vergangenheit in unserer Erinnerung komplett erhalten bleibt. Nicht nur die Ereignisse selbst, sondern auch die damit verbundenen Gefühle, Empfindungen, Gedanken und Gerüche. Diese Informationen stehen uns prinzipiell unser ganzes Leben lang zur Verfügung. Wir können uns jedoch umso besser an etwas erinnern, je emotionaler uns eine Sache bewegt hat. Jedoch sind wir auch in der Lage, sehr negative Ereignisse, die uns traumatisiert haben und die wir nicht verarbeiten konnten, massiv zu verdrängen. Dinge, die uns unwichtig erscheinen oder uns nicht berühren, verblassen sehr schnell in unserem Gedächtnis. Trotzdem ist alles vorhanden und zeigt seine Wirkung, wenn auch unbewusst. Viele weit zurückreichende Ereignisse und viele negative oder gar traumatisierende Erlebnisse, besonders die der frühen Kindheit, können wir uns hingegen häufig nicht mehr willentlich ins Gedächtnis zurückrufen, zumindest nicht im normalen Tagesbewusstsein. Unter Hypnose oder in anderen Bewusstseinszuständen ist es jedoch immer möglich. Wir können uns mithilfe bestimmter Methoden sogar an Ereignisse und Gegebenheiten vor unserer Geburt, also während der Schwangerschaft, erinnern. Dies ist durch psychologische Studien belegt. Man nutzt diese Möglichkeiten zum Beispiel gerne in der Hypnose- und in der sogenannten Rückführungstherapie, um verdrängte Ereignisse aufzuspüren.

Die Informationsverarbeitung des Menschen

Vielleicht haben Sie sich auch schon einmal beobachtet, was bei Ihnen passiert, wenn Sie mit neuen Informationen im weitesten Sinne konfrontiert werden.

1. Es ereignet sich etwas, Sie sehen und hören etwas.
2. Sofort und automatisch sucht vor allem Ihr Unterbewusstsein nach bereits erlebten ähnlichen Ereignissen.
3. Wenn Ihr Unterbewusstsein bzw. Ihr Gedächtnis auf ein entsprechendes Erlebnis gestoßen ist, übertragen Sie die dazugehörige Bewertung sowie das Gefühl von damals auf das heutige

Ereignis. Wir möchten die Situation instinktiv einordnen und bewerten.
4. Die neue Situation wird jetzt mit den zusätzlichen Details abgespeichert.

Der beschriebene Prozess findet quasi fortlaufend statt. Ein Großteil dieses permanenten Abgleichens findet dabei komplett unbewusst statt, denn unser Körper nimmt mit seinen Sinnesorganen ein Vielfaches an Informationen auf – mehr als wir überhaupt bewusst verarbeiten können. Daher ist dieser automatische Filter sehr sinnvoll. Andererseits kann es auch zu Fehlinterpretationen kommen, die uns eventuell einschränken.

Zur Veranschaulichung eignet sich die folgende einfache Situation:

1. Ein Ball rollt auf die Straße.
2. Unser Gehirn sucht nach einem ähnlichen, vergangenen Ereignis.
3. Es findet eine Situation, wo ein Kind einem Ball nachläuft.
4. Die Reaktion: Unser Fuß tritt reflexartig auf die Bremse.
5. Der Wagen steht, unabhängig davon, ob ein Kind auf die Straße läuft oder nicht.

Der Suchprozess unseres Gehirns funktioniert fast wie eine Internet-Suchmaschine. Alle Ergebnisse, die besonders häufig auftauchen und zeitlich am nächsten erscheinen, werden schneller gefunden als die längst vergangenen und verdrängten Daten. Und das ist zweifelsohne sehr nützlich! Sie sollten sich aber vor Augen führen, dass dieser Prozess nicht nur als Reaktion auf eine Gefahr, sondern immer und jederzeit funktioniert! Selbst dann, wenn es Ihnen nicht sinnvoll oder logisch erscheint. Denn das, was geschehen ist, kann verdrängt werden, aber niemals gelöscht, fast wie im Internet. Daher können alle Erfahrungen, die wir machen, auch nach Jahren noch wirksam sein.

Nehmen wir an, Sie hätten im Alter von vier Jahren eine Begegnung mit einem großen Hund gemacht. Der Vierbeiner freute sich und wollte mit Ihnen spielen. Doch für Sie war die Situation eher eine Bedrohung als ein freudiges Erlebnis. Sie haben sich vor dem Hund gefürchtet. Das Tier galt als liebenswert und ungefährlich. Deshalb wurde die Situation von Ihren Eltern falsch eingeschätzt. Sie konnten Ihr ängstliches Verhalten nicht verstehen. Dieses für Sie doppelt negative Ereignis wurde in Ihrem Gedächtnis abgespeichert. Häufig geschieht es dann, dass eine solche Erfahrung recht schnell oder zumindest im Laufe der Zeit verdrängt wird. Es mag völlig unlogisch erscheinen, aber der Prozess läuft unbewusst ab, und wenn Sie Jahre später in einer ähnlichen Situation sind, können genau dieselben Gefühle wieder zum Vorschein kommen. Selbst als Erwachsener könnte es sein, dass Sie jeden Hund unbewusst mit der Angst in Verbindung bringen, die Sie in Ihrer Kindheit erfahren haben. Und so erleben Sie die alte Angst immer wieder erneut. In solch einem Fall haben Sie drei Möglichkeiten: Sie erkennen und verstehen Ihre Angst und lösen die ursächliche Angst auf; Sie zwingen sich, diese Angst zu ertragen; Sie versuchen, sie durch eine neue Gewohnheit zu überlagern und das Angstgefühl auszublenden. Letzteres funktioniert jedoch nicht so leicht. Die Angst könnte Ihr Verhalten weiterhin beeinflussen, sodass Sie Menschen, die einen Hund besitzen, ohne erkennbaren Grund ablehnen und als unsympathisch empfinden. In dem

Fall würden Sie womöglich keine Freundschaften mit Hundebesitzern schließen. Das ist nur ein möglicher Beweggrund und sollte nicht zu der Aussage verleiten, dass jeder Mensch, der sich vor Hunden fürchtet, gleich ein negatives Erlebnis in der Vergangenheit hatte. Das ist nämlich gar nicht notwendig. Unser Gehirn kann bekanntlich ein vorgestelltes Erlebnis nicht von einem realen unterscheiden. Die Erfahrung muss also nicht einmal selbst gemacht worden sein. Eine Situation im Kino, eine Erzählung von Bekannten, unsere eigene Vorstellung oder sogar nur ein einziger Traum genügen völlig, damit sich eine solche unbewusste Angst ausbreiten kann.

Ängste können uns behindern

Ängste zählen zu den archaischen Programmen unseres Menschseins, die uns vor Gefahren schützen sollen. Sie können eine schnelle Reaktion herbeiführen. Doch in den meisten Fällen sind ‚einprogrammierte Ängste' eher hinderlich, das haben wir in einem vorangegangenen Kapitel ja bereits näher betrachtet. Wie zum Beispiel die Redeangst vor Publikum, die Flugangst – insbesondere im Fall von viel reisenden Managern, die Angst, Brücken zu überqueren, die Beklemmung beim Durchfahren von Tunnels oder die Panik, die manche in einer Menschenmenge überkommt. Es gibt so viele verschiedene Ängste, die jedoch eines gemeinsam haben. Sie schränken zum Teil massiv unsere Erfahrungen ein.

Der Nachteil von Ängsten ist, dass man sie nicht so einfach ausschalten kann. Wenn sie sich einmal im Unterbewusstsein eingebrannt haben, bleiben sie immer wirksam. Bei Erlebnissen oder Sachverhalten, die wir emotional ohne ersichtlichen Grund ablehnen, sind in der Regel Ängste die Ursache. Vielfach beherrschen sie uns so, dass wir keine Kontrolle über unsere Reaktionen in bestimmten Situationen haben, und wir schämen uns häufig dafür.

Bei jeglicher Art von Kommunikation kann durch entsprechende Triggerwörter oder -sätze beim Gegenüber Angst ausgelöst werden. Diese Angst kann sogar – auf beiden Seiten – ganz unbewusst bleiben. In den meisten Fällen steckt ja keine Absicht dahinter, bei dem anderen Ängste durch seine Worte auszulösen. Aber trotzdem wirkt das Gefühl, wenn es einmal ausgelöst wurde, und kann das Verhältnis und die Kommunikation belasten.

Es gibt aber auch Fälle, wo solche Ängste ganz gezielt und bewusst ausgelöst werden. Gang und gäbe ist diese Praxis im Geschäftsleben, im Bereich des Vertriebs und der Werbung. Die meisten Menschen lassen sich nämlich eher durch Angst vor dem Negativen als mit der Freude über etwas Positives zu einer Kaufentscheidung bewegen. Ein großes Anwendungsgebiet des Angstschürens ist die politische Propaganda. Ich brauche keine Beispiele zu nennen, man braucht nur einmal die Nachrichten einzuschalten.

Das Resonanzprinzip

Wie wir aus der Physik wissen, gilt bei physikalischen Feldern das Prinzip der Resonanz. Übertragen auf unsere menschlichen Energiefelder heißt dies, dass jene immer miteinander agieren. Sie überlagern einander, wobei sich gleiche Schwingungen, wie zum Beispiel ähnliche Erfahrungen, verstärken und gegensätzliche einander auslöschen können. Das Resonanzprinzip kann auch erklären, warum wir immer wieder ähnliche Partner im Privat- und Berufsleben anziehen. Oder warum wir von einer unerwünschten

Situation in die nächste schlittern. An uns selbst bemerken wir das ja nicht, aber an anderen lässt es sich wunderbar beobachten. Die Muster wiederholen sich. Immer und immer wieder. Solange, bis wir die Schwingungen verändern und den Wiederholungsprozess systematisch beenden. Suchen wir also noch etwas weiter, genauer gesagt, nach den Ursachen für die sich wiederholenden Verhaltensmuster.

Glaubenssätze

Die Glaubenssätze, um die es hier geht, sind nicht im religiösen Sinn zu verstehen. Mit Glaubenssätzen sind fest in uns verankerte Grundannahmen über Aspekte des Lebens gemeint, die unsere Wahrnehmung, unsere Einschätzungen, unser gesamtes Verhalten, letztendlich unser gesamtes Leben bestimmen. Sie können, wie unsere Gedanken, bewusst oder unbewusst sein. Positiv oder negativ. Sie sind ständig wirksam. Unabhängig von ihrem Inhalt. Der Glaubenssatz „Geld stinkt nicht" ist genauso wirkungsvoll wie „Geld ist ein Fluch". Die Konsequenzen sind erwartungsgemäß jedoch völlig gegensätzlich.

Woher kommen diese Glaubenssätze? Sind sie einfach da? Zum Teil werden sie von Bezugspersonen wie den Eltern einfach übernommen. Glaubenssätze entstehen aber auch aus Erfahrungen, die man wiederholt gemacht hat, oder aus einmaligen, sehr intensiven Situationen wie Traumata. Gerade dann, wenn sie uns nicht bewusst sind, haben sie den stärksten Einfluss. Unser Gehirn speichert sie zusammen mit allen anderen Erfahrungen ab. Sie befinden sich also auch in unseren Energiefeldern und wirken permanent. Negative Glaubenssätze können auch zu Ängsten führen. Positive geben uns wiederum einen starken Antrieb im Leben. Bei Menschen, die sich selbst als erfolgreich empfinden, wird man viel stärkere positive Glaubenssätze finden als bei Menschen, die sich für erfolglos halten. Mittlerweile wurde die enorme Wichtigkeit der Glaubenssätze erkannt und es wurden verschiedene Techniken entwickelt, um sie nachhaltig verändern zu können. Einige davon werden wir später noch ansprechen.

Glaubenssätze in der Kommunikation

Was wird in folgender Situation passieren? Sie schlagen Ihrem Gesprächspartner eine unheimlich gute Kapitalanlage mit hoher Rendite vor. Jetzt einmal unabhängig von seiner finanziellen Situation und der Kapitalanlage selbst: Wie wird sich Ihr Gesprächspartner verhalten, wenn er unbewusst dem Glaubenssatz folgt: „Für Geld muss man hart arbeiten“? Wird er positiv auf die Anlage reagieren? Oder wird er nicht viel eher nach allen möglichen Gründen suchen, um nicht auf Ihr Angebot einzusteigen?

Ähnliches gilt, wenn Sie jemanden mit gesundheitlichen Beschwerden dazu bewegen möchten, eine ungefährliche alternative Therapieform auszuprobieren. Wenn er davon überzeugt ist, dass ihm nur ein „richtiger Arzt“ helfen kann, wird er Ihre Idee nicht gerade befürworten.

Es wäre sicherlich hilfreich, die Glaubenssätze unserer Gesprächspartner vor dem eigentlichen Gespräch zu kennen. Das ist natürlich eher selten der Fall, speziell, wenn wir diesem Menschen noch nie zuvor begegnet sind. Bewusst sein sollte man sich zumindest, dass die Glaubenssätze unseres Gegenübers viel stärker sind als unsere noch so guten Argumente und rhetorischen Fähigkeiten.

Was können wir also tun? Auf jeden Fall sollten wir unseren eigenen Glaubenssätzen auf die Schliche kommen. Haben wir zum Beispiel den Glaubenssatz: „Der Montag ist ein schlechter Tag zum Verkaufen“, dann werden wir montags sicherlich weniger verkaufen als an den übrigen Tagen. Glaubenssätze wirken immer! Völlig unabhängig, ob sie auf Erfahrungen basieren oder wir sie einfach von jemand anderem übernommen haben.

Übung: Nehmen Sie sich ein paar Minuten Zeit und überlegen Sie in Ruhe, welche Glaubenssätze Sie in Ihrer eigenen Gedankenwelt finden. Schreiben Sie mindestens zehn auf. Dann durchforsten Sie Ihr Gedächtnis nach Gesprächsituationen, in denen Ihre zehn Glaubenssätze wirksam geworden sind. Und jetzt stellen Sie sich vor, wie diese Gespräche ohne diese Glaubenssätze verlaufen wären.

Unsere Erfahrungen und ihr Einfluss auf unser körperliches Wohlbefinden

Wenn wir davon ausgehen, dass all unsere Erinnerungen und das Erlebte in den feinstofflichen Feldern, die unseren Körper umgeben und ihn bzw. unsere Organe auch durchdringen, gespeichert sind, dann bestimmen sie auch unser Wohlbefinden. Gelingt es uns, unsere Felder zu verändern, so passt sich auch unser Körper dementsprechend an. Dieses Phänomen macht sich ein Zweig der Alternativmedizin zunutze, die sogenannte Informationsmedizin. Die Felder können ihr zufolge zum Teil auf physikalischem Weg durch Licht, Klang und elektromagnetische Schwingungen beeinflusst werden. Aber auch bei Coachingtechniken wie dem Businesscoaching und der Persönlichkeitsentwicklung sind körperliche Veränderungen durch das Beeinflussen der Felder nichts Außergewöhnliches. Gerade an den körperlichen

Auswirkungen – es handelt sich zum Teil um spektakuläre Heilungserfolge – kann man die Wirksamkeit und Richtigkeit der Methoden besonders gut erkennen.

Im nächsten Kapitel werde ich noch näher auf einige weit verbreitete Methoden dieser Art eingehen. Doch zuvor widmen wir uns ganz kurz der Physik.

Das Quantenfeld

Das traditionelle Weltbild der Physik ging lange davon aus, dass ein leerer Raum oder ein Vakuum tatsächlich leer ist. Heute geht die Quantenphysik davon aus, dass es so etwas wie einen leeren Raum nicht gibt. Das gesamte Universum ist von einem universellen Feld durchzogen, auf das alles, was existiert, aufgeprägt ist. Dieses Feld wird als Matrix oder Nullpunktfeld bezeichnet und ist voller Energie. Über dieses Feld sind wir alle miteinander verbunden. Man kann sich das wie einen drei- oder multidimensionalen Bildschirm vorstellen, auf dem die Farbpunkte ein- und ausgeschaltet werden, um die jeweilige Realität erscheinen zu lassen. Elektronen, Protonen, Neutronen, Atome und Moleküle sind in letzter Konsequenz Schwingungsfelder. Die Materie, so wie wir sie empfinden, ist demnach letztendlich eine Illusion. Einige Physiker vermuten sogar, dass wir unsere Welt erst durch unser Bewusstsein erschaffen. Oder anders gesagt, dass wir alle über das Quantenfeld miteinander verbunden sind und somit unsere gemeinsame Welt erschaffen können. Das bedeutet gleichzeitig, dass wir nicht mehr Opfer, sondern im Wesentlichen Schöpfer sind.

Die Quantenphysik konnte sehr viele Prozesse erklären, die zuvor zwar bereits beobachtet worden waren, für die es aber im Newtonschen Weltbild noch keine entsprechende Erklärung gegeben hatte. Einige der Technologien, die wir aus älteren Science-Fiction-Filmen kennen, sind mittlerweile Realität und in unseren Alltag integriert. Viele dieser Technologien basieren auf Entdeckungen, die mittels der Quantenphysik möglich wurden. Aus diesem Grund werden einige Techniken, die sich mit der Veränderung der Energiefelder beschäftigen, unter anderem als Quantum- oder Quantentechniken bezeichnet.

Ein ungeklärtes Problem ist nach wie vor das Zusammenspiel von ‚Quantenwelt' und gegenständlicher ‚Makrowelt'. Wir haben zwar Formeln und Theorien für beide Welten, aber wie sie zusammenwirken und wie wir sie gezielt für unser Leben nutzen können, ist noch nicht wissenschaftlich geklärt.

Zusammenfassung

Ich möchte noch einmal die wesentlichen Punkte dieses Kapitels zusammenfassen, damit Sie nicht den Überblick verlieren und die Zusammenhänge erkennen können.

1. Wir wissen nicht wirklich, wie unser Körper entsteht.
2. Der Ort unseres Gedächtnisses ist der Biologie und Medizin nicht bekannt.
3. Unsere Zellen kommunizieren mit Licht.
4. Unser Körper ist von einem feinstofflichem Feld umgeben und durchdrungen.
5. Dieses Feld enthält mit großer Wahrscheinlichkeit die eigentliche ‚Blaupause' für unseren Körper und unser Gedächtnis.
6. Ca. 98 Prozent unserer 20 000–80 000 Gedanken am Tag sind unbewusst.

7. Unsere Gedanken spiegeln sich in unserem feinstofflichen Feld wieder.
8. Unsere Gedanken bleiben nicht in unserem Körper, sondern breiten sich außerhalb unseres Körpers aus und werden von anderen Lebewesen unbewusst oder bewusst wahrgenommen.
9. Es gibt neben den offensichtlichen, bewussten auch unbewusste Glaubenssätze und Ängste, die unsere Kommunikation beeinflussen.

Wenn wir unsere Art zu kommunizieren verbessern wollen, brauchen wir eigentlich Techniken, die uns Zugriff auf unser Unterbewusstsein geben und uns Glaubenssätze, Ängste und andere unbewusste Informationsmuster bewusster machen. Wenn sie uns bewusst sind, haben wir eine Chance, sie zu korrigieren. In der Vergangenheit wurden eine Vielzahl solcher Techniken entwickelt und auch angewandt. Die meisten Techniken haben aber noch nicht den Weg ins allgemeine Bewusstsein gefunden bzw. sind noch nicht auf allgemeine wissenschaftliche Anerkennung gestoßen, obwohl sie hoch wirksam sind. Dies mag daran liegen, dass eine derartige Veränderung des Weltbildes radikale gesellschaftliche Veränderungen mit sich bringen würde. Trotz alledem werden wir im nächsten Kapitel die meisten dieser Techniken ein wenig näher betrachten.

Unbewusst bedeutet nicht unerreichbar!

Wenn Sie Ihrem PC vor 20 Jahren ein Betriebssystem aufgespielt hätten und es im Laufe der Jahre nie wieder aktualisiert hätten, wie gut könnten Sie dann wohl heute mit dem PC arbeiten? Vermutlich würden Sie diesen Computer sofort entsorgen. Und was ist mit Ihrem Wissen? All das, was Sie vor zehn, 20, 30 oder 40 Jahren gelernt haben? Ist das etwa noch aktuell? Nein. Das ist definitiv zum größten Teil veraltetes Wissen. Vieles was früher als wahr und richtig angesehen wurde, hat sich mittlerweile als falsch herausgestellt und muss revidiert werden. Ähnlich wie mit dem Wissen ist es auch mit unseren Glaubenssätzen, viele sollten wir einer Überprüfung unterziehen. Das Skurrile ist, dass die meisten Menschen mehr Zeit in die Installation eines neuen Updates auf ihrem PC investieren, als sich um die eigene ‚Neuprogrammierung' zu kümmern. Die Herausforderung für uns Menschen ist, dass das meiste, was wir erleben, ins Unterbewusstsein verlagert wird und von dort aus weiterwirkt. Auf Dinge, die uns nicht bewusst sind, haben wir keinen Zugriff, sodass wir sie auch nicht ändern können. Wir wissen also häufig nicht genau, was wir eigentlich ändern sollen, welche von den unbewussten Informationsmustern in Form von Glaubenssätzen, Erinnerungen, Gedanken, Ängsten und Gewohnheiten förderlich und welche in unserem Leben hinderlich sind.

Es gibt mittlerweile eine ganze Reihe von Methoden und Techniken, die sich mit diesem Problem befassen. Bisher fanden diese Methoden meist nur dann Anwendung, wenn der Leidensdruck sehr groß war.

Zum Beispiel bei schweren Krankheiten, psychischen Störungen oder sonstigen unerträglichen Problemen. Nur wenige Menschen kommen auf die Idee, dass sie ihr eigenes Leben dadurch einfach optimieren und noch angenehmer gestalten können.

Neutralisation unbewusster Informationsmuster

Die auf den folgenden Seiten beschriebenen Techniken haben einige Gemeinsamkeiten:

1. das Auffinden unbewusster ‚Informationen', die sich unvorteilhaft auf unser Leben auswirken
2. die Neutralisation von hinderlichen Informationsmustern
3. die Installation von förderlichen Informationsmustern

Viele dieser Techniken werden Sie zumindest vom Hörensagen kennen, aber Sie haben sie wahrscheinlich noch nie unter diesem Aspekt betrachtet. Es bleibt Ihnen überlassen, ob Sie die Techniken selbst anwenden oder ob Sie sich in die Hände eines Coachs oder Therapeuten begeben. Ich persönlich neige dazu, unabhängig bleiben zu wollen und nehme die Dinge lieber selbst in die Hand. Was nicht bedeutet, dass man sich nicht auch manchmal durch andere unterstützen lassen kann. Wenn wir jedoch nichts tun, sind wir dem Ganzen ziemlich hilflos ausgeliefert. Dann sollten wir uns aber auch nicht über das Ergebnis beschweren, sei es, dass es sich nun um einen schlechten Gesundheitszustand, Erfolglosigkeit, Unzufriedenheit oder das fehlende Glück im Leben handelt.

Im Übrigen sollten Sie noch wissen, dass die Konsequenzen dieser Erkenntnisse weitreichend für unser

Verständnis vom Leben sind. Die Frage ist nicht, ob all dies Auswirkungen auf die Medizin und die gesellschaftlichen Prozesse haben wird. Das wird es mit Sicherheit. Vielmehr drängt sich die Frage auf, wann dieses Wissen von der Wissenschaft und Gesellschaft im Allgemeinen vollständig akzeptiert sein wird. Das geschieht zwar nicht von heute auf morgen, aber dieser Prozess ist bereits in vollem Gange. Viele Probleme in unserer heutigen Gesellschaft können dann besser gelöst werden oder entstehen erst gar nicht. Wenn Sie um diese Dinge wissen, sehen Sie die momentanen ökonomischen, sozialen und gesellschaftlichen Veränderungen mit anderen Augen und sind viel gelassener.

Erfahrungen aus der Medizin

Schauen wir uns ein wenig in der Medizin um. In der westlichen Schulmedizin wird die Existenz der Energiefelder immer noch geleugnet, während sie in der östlichen Medizin immer schon integraler Bestandteil waren. In der westlichen Welt sind wir am ehesten noch mit der Akupunktur vertraut, die wirkungsvoll mit den Energiefeldern unseres Körpers arbeitet. Bei der Akupunktur werden die Energiebahnen im Körper mit metallischen Nadeln aktiviert, um die Energie, oder auch ‚Information', wieder zum Fließen zu bringen. Dies bewirkt, dass körperliche Symptome verschwinden. Manche schwören darauf, andere halten sich da lieber ein wenig zurück, aber fast jeder hat schon von dieser Behandlungsmethode gehört. Mittlerweile wird die traditionelle chinesische Akupunktur nicht nur in der Alternativmedizin, sondern auch in vielen Fachbereichen der Schulmedizin, insbesondere in der Schmerztherapie, eingesetzt.

Ähnlich ist es mit der Homöopathie. Globulis sind heute in fast jeder Hausapotheke zu finden. Die Wirkung ist erstaunlich. Speziell, wenn man bedenkt, dass für viele Menschen die Homöopathie der letzte Versuch ist, wenn die Schulmedizin nicht mehr weiterweiß. Dennoch ist die Homöopathie immer noch umstritten, weil die Schulmedizin den Wirkungsmechanismus nicht nachvollziehen kann. Da die Verdünnung der Wirkstoffe so stark ist, dass kein einziges Molekül der Substanzen mehr in der Trägerflüssigkeit vorhanden ist, kann man nicht verstehen, dass ein Mittel noch wirken können soll. Bei der Homöopathie geht es jedoch nicht um die chemischen Bestandteile eines Wirkstoffs, sondern um die im Wirkstoff gespeicherte Information, d. h. ihr liegt ein vollkommen anderer Wirkungsmechanismus zugrunde. Wenn sich die Schwingung eines Wirkstoffs auf die Trägersubstanz Wasser übertragen lässt und diese Schwingung (Information) auf unser Energiefeld wirkt, lässt sich die Wirkung nachvollziehen. Aber hierzu muss ich die Existenz und Wirkung des Energiefeldes eingestehen. Außerdem sollte man nicht den finanziellen Aspekt vergessen. Mit Homöopathie lässt sich einfach nicht so viel Geld verdienen. Wäre sie nur unwirksam, gibt es keinen Grund, vor ihr warnen zu müssen.

Die Informationsmedizin ist ein ziemlich neuer Bereich der Alternativmedizin. Hier werden die Energiefelder des Menschen durch spezielle Frequenzgeneratoren beeinflusst. Auch die Farb- oder Lichttherapie kann man diesem Bereich zuordnen, da Farben und Licht nichts anderes als Frequenzen sind. All diese Therapieformen, die oft aus reiner Erfahrung entwickelt wurden, haben mit der Existenz und Wirksamkeit der Energiefelder eine durchaus vernünftige Erklärungsbasis.

In unseren Zeiten gibt es zunehmend Symptome und Krankheitsbilder, die nicht durch körperliche Ursachen erklärt werden können. Das bedeutet gleichzeitig, dass es kein passendes oder wirksames Medikament für sie gibt. In diesem Fall spricht man in der Schulmedizin von psychosomatischen Erkrankungen. Das heißt nichts anderes, als dass die Symptome eben nicht von körperlichen, sondern von psychischen Faktoren abhängen. Mittlerweile geht man sogar davon aus, dass fast jede Erkrankung eine psychosomatische Komponente hat. Moment mal ... Bedeutet dies nicht, dass auch unsere Glaubenssätze, unsere Gedanken und Gefühle Einfluss auf unseren Körper haben? Offensichtlich ist man sich bereits durchaus bewusst, dass Medikamente in vielen Fällen nicht wirklich helfen. Aber die Konsequenzen daraus zu ziehen, ist natürlich nicht ganz einfach, zumindest nicht für die Schulmedizin.

Psychologie

Die Psychologie beschäftigt sich seit geraumer Zeit mit dem sogenannten Unbewussten des Menschen. Berühmte Wissenschaftler wie C. G. Jung und Freud befassten sich intensiv damit, wie sie auf das Unbewusste Einfluss nehmen können. Daraus entwickelten sich verschiedene Therapiemethoden. Eine der bekanntesten Therapieformen ist die von Freud entwickelte Psychoanalyse. Seit den 1970er-Jahren hat sich auch die Hypnosetherapie etabliert, die versucht, direkt auf das Unterbewusstsein einzuwirken.

Die Psychoanalyse ist eine Form von Gesprächstherapie. Durch entsprechende Fragetechniken ist es möglich, die tieferen und unbewussten Schichten des menschlichen Unterbewusstseins zu erkunden. Trifft man auf entsprechend hinderliche Informationen, so lenkt der Psychoanalytiker unmittelbar die Aufmerksamkeit des Klienten auf sie, wodurch sie häufig bereits aufgelöst werden. Letzendlich kann dies auch zu körperlichen Veränderungen führen. Für diese Therapieform braucht man sehr viel Geduld; sie ist sehr langwierig und es kann unter Umständen sogar Jahre dauern, bis die eigentlichen Ursachen eines Problems gefunden und gelöst werden.

Direkter hingegen ist die Hypnosetherapie. Bei ihr wird der Patient in eine mehr oder weniger starke Trance versetzt, die es dem Hypnotiseur erlaubt, mit dem Unterbewusstsein des Patienten zu kommunizieren. Die Hypnose erzielt oft schon nach wenigen Sitzungen beachtliche Erfolge. Typische Anwendungsgebiete sind u. a. Ängste jeder Art, die Raucherentwöhnung oder Behandlung anderer Suchtkrankheiten sowie Schlafstörungen. Der Nachteil der Hypnose ist, dass sich nicht alle Menschen gleich gut hypnotisieren lassen. Durch die mittlerweile in vielen Staaten verbotene Bühnenhypnose wurden Ängste geschürt, dass der Hypnotisierte dem Hypnotiseur willenlos ausgeliefert sei und in jeder Hinsicht manipuliert werden könne. Diese Ängste sind aber eher übertrieben.

Familien- bzw. Systemaufstellung

Das Familienstellen oder die systemische Aufstellung ist durch Bert Hellinger entwickelt und verbreitet worden. Dabei handelt es sich um einen therapeutischen Ansatz, bei dem unbewusste, schädliche oder störende Faktoren in Familiensystemen verdeutlicht werden. Hierzu wählt der Patient bzw. Klient aus der Gruppe der Teilnehmenden fremde Personen als Stellvertreter für die Hauptmitglieder seiner Ursprungsfamilie aus. Ganz intuitiv weist der Klient den

Stellvertretern dann Plätze im Raum zu und der Therapeut deutet die Positionen. Außerdem werden die Stellvertreter an diesen Plätzen über ihre Empfindungen befragt. Obwohl es keine offensichtlich logische Erklärung dafür gibt, verändert sich an den jeweiligen Positionen die Wahrnehmung der Stellvertreter, d. h. sie schlüpfen intuitiv in die ihnen zugewiesene Familienrolle. Manchmal sprechen Sie sogar mit einer fremden Stimme. Bei einer Aufstellung können nicht nur lebende Personen, sondern auch Verstorbene aufgestellt werden. Der Klient erfährt dadurch oft ganz neue Aspekte seiner Beziehung zwischen ihm und den aufgestellten Familienmitgliedern. Durch diese Erfahrung werden beim Klienten Lösungsprozesse angestoßen, die zu Veränderungen seiner jeweiligen Lebenssituation und seines Verhaltens führen.

Einige Aufstellungen werden gerne blind oder kodiert vorgenommen. Das heißt, sowohl der Aufstellende als auch der Repräsentant kennen weder Identität noch Bedeutung der Person oder Sache, für die sie stehen. Ihnen wird vom Therapeuten lediglich eine Nummer oder ein Name zugeteilt. Die Auflösung findet erst statt, nachdem die Personen gestellt wurden. Dadurch können die Repräsentanten viel neutraler wahrnehmen und es wird nichts von vornherein in die Rollen hineininterpretiert. Diese Interpretation kann nämlich sehr leicht stattfinden, wenn von Beginn an bekannt ist, wessen Position man einnimmt (z. B. die Rolle der Mutter oder des Großvaters).

Am aussagekräftigsten sind die Ergebnisse sogar, wenn die Personen durch Figuren ersetzt werden. Playmobilfiguren eignen sich zum Beispiel hervorragend, da sie durch unterschiedliche Farben leicht auseinanderzuhalten sind. Abgesehen von der Neutralität haben sie den Vorteil, dass man keine Personen als Repräsentanten benötigt. So eine Aufstellung kann man dann nur mit dem Klienten alleine vornehmen.

Aufstellungsarbeit hat mittlerweile auch in das Businesscoaching bzw. die Unternehmensberatung Einzug gehalten und wird dort als Organisationsaufstellung bezeichnet. Sie wird dazu genutzt, die Schwachpunkte im Unternehmen, im Team, im Umgang mit den Kunden und sogar bei den Produkten herauszufinden. Auch hier lassen sich erstaunliche Ergebnisse erzielen und so manch endgültige Entscheidung wird heutzutage aufgrund einer Aufstellung getroffen.

Die Aufstellungsarbeit ist eine Form der Analyse bzw. ein Diagnoseinstrument, aber kein ‚Veränderungswerkzeug'. Die eigentliche Veränderung findet durch gezielte Maßnahmen und Coaching-Techniken statt. Jedoch wurde auch beobachtet, dass allein durch Änderung der Konfiguration der Figuren bzw. Personen eine Veränderung nicht nur bei den Klienten selbst, sondern auch bei den in der Aufstellung repräsentierten und nicht anwesenden Personen angestoßen wurde. Dies wurde von einem der etablierten Vertreter dieser Methode in einem Seminar erklärt, jedoch als ‚Zufall' abgetan. Man möchte offenkundig nicht zugeben, dass man bei dieser Methode auch auf Personen Einfluss nimmt, die gar nicht beteiligt sind.

Meditation

Eine der wohl ältesten Methoden, unbewusste Informationsmuster oder – anders ausgedrückt – das Energiefeld zu klären, ist die Meditation. Es mag Sie auf den ersten Blick überraschen, aber die Meditation ist letzten Endes ein Mentaltraining in reinster Form. Bei der Meditation findet fast alles im Kopf des

Meditierenden statt. Es gibt zwar viele verschiedene Ausrichtungen, aber sie verfolgen alle das gleiche Ziel, nämlich Ruhe in den Kopf zu bekommen, d. h. das Denken abzustellen bzw. den *mental noise* zu reduzieren. Das Endresultat, momentweise gar nicht mehr zu denken, wird sehr selten erreicht. Aber hier gilt, der Weg ist das Ziel, denn der Prozess an sich ist bereits wirksam. Sie haben sicherlich schon bemerkt, dass es so gut wie unmöglich ist, tatsächlich gar nicht zu denken. Wenn nicht, dann probieren Sie es gleich einmal aus. Das ist genauso schwierig, wie wenn ich sage: „Stellen Sie sich jetzt keinen rosa Osterhasen vor." Was passiert? Richtig. Der rosa Osterhase springt quasi unwillkürlich zwischen Ihren Gedanken hin und her.

Doch zurück zur Meditation. In der Regel beginnt man mit der Entspannung des gesamten Körpers, um die Gehirnwellen auf Alpha- oder gar Thetaniveau abzusenken. Dies ist erfahrungsgemäß ein Zustand, in dem man auf unbewusste Informationen Zugriff hat. Durch die Konzentration auf einen Punkt oder eine Sache – dies kann der Atem sein, ein Mantra oder auch der kleine Zeh – versucht man, alle anderen Gedanken auszuschalten. Wir sind nämlich nicht in der Lage, punktgenau gleichzeitig an mehrere Sachen zu denken. Doch selbst ein einziger fokussierter Gedanke ist nicht gerade einfach zu halten. Es schleichen sich immer wieder ein paar andere Gedanken dazwischen. Vielleicht kennen Sie dieses Phänomen von sich selbst. Diese Gedanken kreisen meistens um all die Dinge, die uns wirklich im Innersten beschäftigen. Auf ihnen liegt eine Art ‚emotionale Ladung', sonst würden sie nicht mit einer solchen Kraft an die Oberfläche drängen. Allein durch das folgende mentale Anerkennen dieser Gedanken wird die emotionale Ladung dann reduziert oder ganz aufgelöst.

Interessanterweise rücken in diesem Prozess immer mehr unbewusste Gedanken ins Bewusstsein. Es kommen zunehmend tiefere, mit emotionaler Ladung behaftete Informationsmuster hoch. Wenn sie aufgelöst werden, kann dies sogar zum Verschwinden von körperlichen Beschwerden führen. Je länger wir uns also auf diese Weise mit unseren unbewussten Gedanken beschäftigten, desto klarer werden wir und unser Energiefeld. Die Wirkung der Meditation ist mehrfach wissenschaftlich bestätigt worden und auch die Auswirkungen auf das Energiefeld sind messbar. Menschen, die über einen langen Zeitraum meditieren, sind mental ausgeglichener und wirken in ihrer gesamten Erscheinung oft um einige Jahre jünger. Ich nehme an, dass auch Sie nichts dagegen hätten, ein paar Jahre jünger zu wirken? Doch um dies zu erreichen, muss die Meditation oft über Jahre praktiziert werden. Der Nachteil ist, dass sie in der Regel nicht gezielt auf ein bestimmtes Symptom oder eine Aufgabe gerichtet werden kann. Das Auffinden der unbewussten Informationsmuster geschieht hier eher zufällig.

Visualisierung und Affirmationen

Die Technik der Visualisierung und die Arbeit mit Affirmationen werden häufig mit anderen Techniken kombiniert oder sind Teil einer Methode. So lässt sich die Visualisierung zum Beispiel auch gut mit der Meditation verbinden. Während bei der Meditation störende oder belastende Informationsmuster aufgelöst werden, versucht man bei der Visualisierung, gezielt erwünschte Informationsmuster in das Feld zu geben. Oder, anders gesagt, man programmiert das eigene Unterbewusstsein mit den persönlichen Wunschvorstellungen, und zwar in bildlicher Form.

Die neu aufgeprägten Informationen sollen dabei mit der Außenwelt ‚in Resonanz treten' und dadurch die gewünschte Situation herbeiführen – dieser Prozess geschieht unbewusst. Um einen anhaltenden Effekt zu erreichen, sind viele Wiederholungen notwendig. Die neue Information muss sich erst dauerhaft im Unterbewusstsein ‚abbilden'. Was die Affirmationen betrifft, sagen manche Lehrer man müsse einen ins Positive gewendeten Glaubenssatz wie zum Beispiel „Ich bin ein erfolgreicher Mensch" mindestens an 30 aufeinander folgenden Tagen täglich mehrfach aussprechen. Bei dieser Technik ist es wichtig, dass man das Gefühl entwickelt, die Situation wäre schon längst eingetreten. Ebenso ist eine gewisse neutrale Haltung gegenüber dem Ziel notwendig.

Wenn ich das Ziel unbedingt und zwanghaft erreichen will, werde ich es nicht schaffen. Warum? Ganz einfach: Die Angst, es nicht zu erreichen, wirkt genauso in meinem System und arbeitet dann gegen meine Visualisierung oder Affirmation. Das ist der Schwachpunkt dieser Technik. Wenn ich einen Glaubenssatz in meinem System implementiere und gleichzeitig den entgegengesetzten Glaubenssatz unbewusst in meinem System habe, versuchen sich beide zu verwirklichen. Bei solchen Menschen verläuft das Leben häufig wie eine Achterbahn. Sie schlittern von einer extremen Beziehung in die nächste und erleben krasse Wechsel von finanziellem Erfolg und Misserfolg – solange, bis die unbewussten Informationsmuster neutralisiert werden.

Silva Mind

Die Silva Mind Methode könnte man auch als die ‚Urgroßmutter aller Mentaltechniken' bezeichnen. Fast alle Techniken enthalten Elemente der Silva

Mind Methode. Silva Mind wurde von José Silva in den Siebzigerjahren des letzten Jahrhunderts entwickelt. Silva lebte damals in New Mexiko in den USA. Er hatte nur eine niedrige Schulbildung, dafür aber eine sehr große Familie. Silva versuchte seinen Kindern möglichst viel beizubringen, sie sollten es als Erwachsene einmal leichter haben. Dabei stellte er fest, dass seine Kinder in entspanntem Zustand viel mehr Informationen aufnehmen konnten. Die regelmäßige Entspannung führte dazu, dass manche seiner Kinder bereits die Antwort gaben, bevor er seine Frage überhaupt stellen konnte. In diesem Zustand entwickelte speziell seine kleine Tochter die Fähigkeiten einer Heilerin.

Dies wurde in Studentenkreisen bekannt und daraus entstand eine Technik, die weltweit von bisher über einer Million Menschen erlernt wurde. Die Technik ist ein Mix aus Meditation, Reduktion der Hirnfrequenz auf Alphaniveau und Visualisierung, kombiniert mit gesteigerter Wahrnehmungsfähigkeit. Silva Mind wurde im Wesentlichen für mentale Heilung und Fernheilung, aber auch zur Verbesserung der finanziellen Lage oder zur Lösung anderer Probleme eingesetzt. Die Methode wird noch heute von Silva-Mind-Trainern gelehrt und es gibt Silva-Gruppen, die sich auf freiwilliger Basis treffen und gemeinsam praktizieren.

Silva Mind ist die Grundlage für fast alle Techniken im Bereich des Super-Learning. Häufig werden auch technische Geräte eingesetzt, um den Alphazustand leichter zu erreichen.

Remote Viewing

Mit Remote Viewing lässt sich die Wahrnehmungsfähigkeit des ganzen Körpers trainieren. Das Ziel dieser

Technik ist es, die unbewussten Informationen, die von unserem Körper immer und jederzeit aufgenommen werden, in bewusste Information umzuwandeln. Dies ist möglich, da alles durch das Energiefeld verbunden ist. Die Kunst ist es, die Information von dem, was unser Kopf daraus macht, zu trennen. Diese Technik identifiziert lediglich Informationen, jedoch findet keine Veränderung dieser Informationen statt.

Remote Viewing wurde ursprünglich für ganz andere Zwecke entwickelt. Alles begann, als die amerikanische Regierung in den 1970er-Jahren bemerkte, dass die Russen sogenannte ‚psychische Spione' für Spionagezwecke und andere Aufgaben einsetzten. Diese Spione besaßen die Fähigkeit der Fernwahrnehmung und konnten gezielt Informationen von weit entfernten Orten einholen, ohne ihr Zimmer zu verlassen. Daraufhin wurde ein Forschungsprojekt am renommierten Stanford Research Institute, das der berühmten Stanford University in Kalifornien angegliedert ist, ins Leben gerufen. Die führenden Forscher waren die Laserphysiker Harald E. Puthoff und Russell Targ. Sie wurden damit beauftragt, das Potenzial des menschlichen Bewusstseins zu erforschen. Das Ziel war es, gewöhnliche Menschen in die Lage zu versetzen, ‚mentale Fähigkeiten' zu entwickeln, um sie so ebenfalls als psychische Spione einsetzen zu können. Mit anderen Worten, man wollte einfache Menschen zur Hellsichtigkeit ausbilden. Mit ihren Fähigkeiten sollten sich die Personen mental an jeden Ort der Welt und in jede Zeitperiode begeben können, um dort an (geheime) Informationen zu gelangen. Anfänglich wurde mit Menschen gearbeitet, die von Natur aus hellsichtig waren, um die genauen Bedingungen zu erkunden, die Hellsichtigkeit ermöglichen. Daraus wurde ein systematisches Verfahren, das von sehr vielen Menschen erlernbar ist, entwickelt. Dieses wurde in den 1980er-Jahren in einigen Gruppen der Armee erprobt. Am Ende der 1990er-Jahre wurde es durch sogenannte ‚Whistleblower', wie zum Beispiel David Moorehouse, außerhalb des Militärs bekannt. Das Pentagon stritt zunächst natürlich alles ab. Später stellte man das Projekt dann als Misserfolg dar. Man habe es eingestellt, weil die Ergebnisse nicht hundertprozentig akkurat gewesen seien. Selbstverständlich waren die Ergebnisse nicht hundertprozentig richtig! Welcher Prozess der Informationsgewinnung ist das schon? Sind die Informationen zu hundert Prozent richtig, wenn ich die Tageszeitung lese oder auch ein Buch?

Tatsache ist, dass Remote Viewing gegenwärtig in vielen Bereichen inoffiziell eingesetzt wird. So zum Beispiel bei der Suche nach den richtigen Orten für Ölbohrungen oder auch im Bereich der Produktentwicklung, insbesondere häufig in der Pharma- oder chemischen Industrie. Überall wo der finanzielle Einsatz sehr hoch ist und schon eine geringe Erhöhung der Chancen großen Gewinn bringt, lohnt sich der Einsatz allemal.

Remote Viewing ist aber nicht nur für millionenschwere Konzerne geeignet, sondern auch für die persönliche Entwicklung von Menschen, die ihr Bewusstsein erweitern möchten. Mit dieser Methode können Fragestellungen bearbeiten werden, auf die man normalerweise gar keinen Zugriff hat. Eins erreicht man mit dem Erlernen von Remote Viewing auf jeden Fall, die Steigerung seiner Wahrnehmungsfähigkeit und Intuition. Diese Fähigkeiten sind gerade bei den Vorgehensweisen, über die wir hier sprechen, besonders gefragt. Deshalb ist Remote Viewing ein mehr oder minder versteckter Bestandteil vieler Methoden.

Coaching und Selbst-Coaching

In letzter Zeit ist immer häufiger die Rede von Coaching. Darunter versteht man eine Art der Beratung, bei der der Klient sich die Lösung für sein Problem selbst erarbeitet. Hierzu wird er vom Coach durch entsprechende Techniken unterstützt. Die Themen, die im Coaching behandelt werden, können aus allen Lebensbereichen stammen. Beim Coaching liegt der Fokus weniger auf der Behandlung von Krankheiten oder psychischen Problemen als auf der Optimierung der Möglichkeiten des gesunden Menschen. Neben dem Coaching gibt es auch noch die sogenannte Beratung. Bei jener sagt der Berater dem Kunden genau, was zu tun ist, während beim Coaching der Kunde in der Eigenverantwortung bleibt und selbst die Lösung mit Hilfe des Coachs findet.

Coaching- und Beratungsangebote sind heute am weitesten im Sport und in der Wirtschaft und Politik verbreitet. Heute gibt es kaum noch einen namhaften Manager oder Politiker, der sich ohne Coach ‚aufs Spielfeld wagt'. Coaching wird bisher eher von den Erfolgreichen und Privilegierten genutzt, aber wäre es nicht durchaus sinnvoll, wenn jeder davon profitieren könnte?

Wenn unsere Felder einen so großen Einfluss auf unsere Kommunikation und damit unser Leben haben, dann müsste doch jeder Einzelne von uns in die Lage versetzt werden, diese selbst zu beeinflussen. Das Beste wäre es also, über Methoden zu verfügen, die wir weitgehend selbst anwenden können – ohne hohe Kosten für einen Coach oder Berater. Mittlerweile gibt es solche Techniken, leider werden sie weder in der Schule noch an der Universität gelehrt.

TriasPower

TriasPower ist eine Selbst-Coaching-Technik zur Persönlichkeitsentwicklung, mit der man sein persönliches Leben freier und zielgerichteter gestalten kann. Doch vorab gilt es herauszufinden, was man im Leben tatsächlich erreichen möchte. Für die meisten Menschen ist das sehr viel schwieriger, als man denkt. Wissen Sie es denn? Wollen Sie reich sein? Erfolgreich und berühmt? Oder hätten Sie lieber ein durchschnittliches, ruhiges und unauffälliges Leben? Kaum einer stellt sich diese Frage ganz bewusst, zumindest nicht in einem Alter, wo es noch sinnvoll erscheint, also nicht erst auf dem Sterbebett. Die meisten Menschen wissen gar nicht, wo die Reise hingehen soll.

Was muss passieren, dass mein Leben so verläuft, wie ich es gerne hätte? Zum einen muss ich die richtigen Entscheidungen für mein Handeln treffen und zugleich sollte ich meine bewussten und unbewussten Hindernisse beseitigen. Häufig sind es nämlich gerade die unbewussten Hindernisse, wie Glaubenssätze, Traumata, Ängste und andere Projektionen, die uns daran hindern, überhaupt ins Handeln zu kommen. Wenn diese verinnerlichten Programme aufgelöst sind, wird es viel leichter, die nötigen Handlungen zu vollziehen und den entsprechenden Erfolg zu ernten.

TriasPower verbindet die Elemente verschiedener Disziplinen. Im Wesentlichen zählen dazu die Silva Mind Methode, Remote Viewing, Meditation und Visualisierung. Bei TriasPower wird besonderer Wert auf die Vermittlung und Beachtung der sogenannten ‚universellen Lebensgesetze' gelegt. Diese haben Irene und Thomas Frey in ihrem Buch „Das Lebensspiel" und ihrem prämierten Film „Der Film DEINES Lebens" besonders gut dargestellt.

NLP

NLP steht für „neurolinguistische Programmierung". NLP ist keine Methode an sich, sondern kombiniert eine ganze Reihe von Techniken. Anfang der 1970er-Jahre entwickelten Richard Bandler und John Grinder ein dieses neue Kommunikationsmodell. Ihr Ziel war es, die Funktionsweisen der menschlichen Kommunikation besser zu verstehen und nachvollziehbar zu machen. Große Verbreitung fand NLP durch die Trainer des Erfolgscoachings. Der wohl bekannteste von ihnen ist Anthony Robbins, der die Methode durch Bestseller wie „Das Power Prinzip" und seine Fernsehauftritte und Seminare mit teilweise 10 000 Menschen pro Seminar weltweit populär gemacht hat. In Deutschland ist Jürgen Höller der bisher erfolgreichste Erfolgstrainer. In seinen Seminaren lernen die Menschen, wie sie mit meist auf NLP basierenden Techniken ihr Leben effizienter und erfolgreicher gestalten können.

NLP versucht, mit Techniken wie Glaubenssätzen, ‚Ankern', Visualisierung und noch vielen anderen auf das Unterbewusstsein Einfluss zu nehmen. Mittlerweile bezieht man sogar systemische Aspekte aus der Aufstellungsarbeit mit ein. NLP entwickelt sich fortlaufend weiter. Die Einsatzmöglichkeiten sind sehr vielfältig, angefangen vom Personalwesen, bei Einstellungsgesprächen, in der Werbung und im Marketing bis hin zur Persönlichkeitsentwicklung. Hauptsächlich wird es jedoch für die eigene Entwicklung und Lebensgestaltung eingesetzt.

NLP ist eine der wenigen Techniken, die in der Businesswelt Fuß fassen konnten, obwohl auch hier keine strenge wissenschaftliche Grundlage existiert. Dieser Erfolg ist wohl größtenteils auf die von NLP verwendeten formalen Begrifflichkeiten zurückzuführen, die logisch denkenden Menschen, insbesondere Männern, einen leichteren Zugang zur Materie ermöglichen.

CQM (Chinesische Quantum Methode)

Seit 2003 gibt es die Chinesische Quantum Methode, die von Gabriele Eckert begründet wurde. Sie ist den mentalen Methoden zuzuordnen. Diese Methode wirkt mit Gedanken direkt auf unser Energiefeld ein. Die Veränderungen im Energiefeld bewirken dann die Änderungen in unserem Körper und allen Lebensbereichen. Da diese Wirkungen nur durch die Quantenfeldtheorie erklärbar sind, bezeichnet man sie auch als Quantenmethode. CQM ist die erste Quantenmethode, die in Deutschland und Europa starke Verbreitung gefunden hat. Dank der Ergebnisse, die sie hervorbringt, hat sie sich sehr schnell durch Mund-zu-Mund-Propaganda verbreitet.

Bei CQM geht man davon aus, dass der Körper von einem Energiefeld umgeben ist, das man mit Gedanken verändern kann. Wenn man in diesem Feld die auf ein Problem oder Symptom bezogenen Störfaktoren neutralisiert, verschwindet in der Regel das Problem bzw. Symptom. Dies allein ist jedoch noch nichts Neues und wird von den meisten der hier bereits beschriebenen Methoden ähnlich gehandhabt. Der Unterschied zu den anderen Techniken liegt vielmehr in der Art, wie die Störfaktoren gefunden werden. Bei CQM geschieht dies über eine systematische Vorgehensweise, die dann schrittweise in eine intuitive überführt werden kann. Gerade die Menschen, die sich mit dieser Technik vorab bewusst nicht theoretisch beschäftigen, können durch ihre Unvoreingenommenheit damit sehr gute Erfahrungen machen. Durch diese positiven Erfahrungen werden Zweifel reduziert und die Methode funktioniert besser und besser. Denn das größte Hindernis bei allen mentalen Methoden sind wir selbst mit unserem Zweifeln.

Die Wirksamkeit einer derartigen Methode lässt sich am besten an der Wirkung auf unseren Körper demonstrieren. Denn wenn körperliche Beschwerden, die teilweise über Jahre vorhanden sind, plötzlich und bei vielen Personen verschwinden, ist das ein überzeugendes Argument. Wohl auch ein Grund dafür, warum CQM mittlerweile in der alternativen Medizin und auch von Ärzten und Psychologen angewandt wird. Das Potenzial von CQM geht aber weit über das Körperliche hinaus. Die Methode ist eine Art Werkzeug für die eigene Lebensgestaltung, und zwar sowohl im beruflichen als auch persönlichen Bereich. Mit dieser Technik lässt sich das Verhältnis zur eigenen Umgebung, der Familie, dem Partner oder auch zu seinen Kunden signifikant verbessern. Bei CQM wurde besonders auf die Alltagstauglichkeit geachtet, sodass man es jederzeit und überall anwenden kann.

Bei regelmäßiger Anwendung wird es zu einer Art Lebensphilosophie, die immer unbewusst mitläuft – bei allem, was man tut. CQM kann man allein für sich selbst oder auch bei anderen, z. B. im Coaching, anwenden. Es kann mit fast allen anderen Techniken kombiniert werden, es bedarf keiner körperlichen Berührung und ermöglicht die Anwendung in jeder Umgebung, man benötigt also weder einen besonderen Ort noch Instrumente oder Geräte.

Quantum Healing nach Bartlett und Kienzlow

In den letzten Jahren ist Quantum Healing bzw. Quantenheilung auch in Deutschland recht populär geworden. Es wurde von Dr. Bartlett und Dr.

Kienzlow in den USA gelehrt und von Günter Heede nach Deutschland gebracht. Kern dieser ‚Veränderungstechnik' ist die sogenannte 2-Punkt-Methode. Hierbei werden 2 Punkte, meistens am Körper, berührt. Gleichzeitig visualisiert man ein bestimmtes Ziel (z. B. die Gesundung des Körpers) und lässt die sogenannte ‚Quantumwelle kollabieren'. Dabei kommt es häufiger vor, dass der Klient so stark aus dem Gleichgewicht gerät, dass er sich nicht mehr auf den Beinen halten kann und einfach umfällt. In den entsprechenden Kursen werden die Praktizierenden selbstverständlich aufgefangen, sodass sie sich nicht verletzen. Dieser Effekt erregt natürlich viel Aufmerksamkeit und ist daher sehr werbewirksam. Für die tägliche Anwendung ist dieser Nebeneffekt, so spektakulär er auch sein mag, natürlich eher nachteilig. Wer möchte schon unerwartet umkippen? Das schränkt die Anwendungsgebiete leider etwas ein.

Gemeinsamkeiten der Quanten Methoden

Ansonsten ähneln sich fast alle Quantum-Methoden. Kern ist erstens immer, dass es den Klienten um eine konkrete Fragestellung geht, dass sie mit einer klaren Absicht kommen, die sie ohne Hintergedanken oder sabotierende Gedanken verfolgen. Zweitens spielt eine gewisse ‚Neutralität' dem Ziel gegenüber eine wichtige Rolle, d. h. dass es einem fast egal sein sollte, ob man das Ziel erreicht. Wenn man etwas unbedingt will, werden automatisch unbewusste Ängste erzeugt, dass man das Ziel nicht erreichen könnte. In diesem Stresszustand sind wir nicht entspannt und dann funktioniert keine mentale Methode. Die entscheidende Frage ist immer, wie man diesen Zustand der Neutralität erreichen kann. Die einen nutzen die Meditation und die anderen verwenden

Ablenkung wie laute Musik. Mittlerweile versucht man nun auch, die 2-Punkt-Methode auf andere Gebiete, wie zum Beispiel Finanzen und Partnerschaft, anzuwenden. Dazu bemüht man sich, eine berührungslose und rein mentale Technik zu entwickeln. Leider gibt es mittlerweile viele Anwender, die zum Teil recht unqualifiziert als Seminarleiter in diesen Bereich hineindrängen und auch immer neue Bezeichnungen und Wortschöpfungen hervorbringen. Darunter leidet am Ende die Qualität der Methode und der Vermittlung.

Zusammenfassung

Wahrscheinlich sind Sie jetzt überrascht, wie viele Methoden es bereits gibt und wissen nicht so recht, was Sie tun sollen. Ich würde Ihnen nicht raten, gleich ein oder mehrere Seminare zu buchen. Mein Tipp wäre, das eine oder andere weiterführende Buch zu lesen. Es gibt auch häufig kostengünstige Abendveranstaltungen, bei denen man sich bezüglich der für einen in Frage kommenden Methoden zunächst einen besseren Eindruck verschaffen kann. Wenn einen dann das Interesse gepackt hat, kann man ein Seminar buchen, um die letztendlich ausgewählte Methode zu trainieren. Denn eines sollten Sie wissen, bei allen Methoden gilt: Übung macht den Meister. Erwarten Sie niemals, dass sich Ihr Leben nach dem Seminarbesuch um 180 Grad wendet. Dies hat es zwar auch schon gegeben, es ist aber eher selten.

Für diejenigen, die nicht direkt ihr Unterbewusstsein aufräumen und umprogrammieren wollen, gibt es im nächsten Kapitel ein paar Kommunikationstipps.

Eigentlich ziemlich einfach

Bisher konnten Sie sich einen guten Überblick über verschiedene Aspekte von Kommunikation verschaffen. Einige der Faktoren waren Ihnen schon bekannt und bewusst, anderes war bisher unbewusst und mag Sie etwas überrascht haben. Im letzten Kapitel haben wir Methoden vorgestellt, wie man das Unterbewusstsein ‚lesen' und beeinflussen kann. Nun werden Sie zu Recht fragen, ob es nicht auch einfache Techniken für den Alltag gibt, ohne dass man sich erst einmal hinsetzt und sein Unterbewusstsein ‚aufräumt'. Die Antwort ist: Ja. Es gibt ein paar simple Techniken, die man direkt umsetzen kann. Sie helfen uns dabei, dass unsere verbalen Geschenke vom Gegenüber angenommen werden und nicht gleich ‚durchrauschen'. Die folgenden Techniken kommen häufig in Unternehmen in den Bereichen Vertrieb und Management zur Anwendung. Sie können aber gleichermaßen im Privatleben dienlich sein.

Manche dieser Techniken mögen dem einen oder anderen wie Manipulation erscheinen. Reden wir nicht lange um den heißen Brei herum. Es *ist* Manipulation! Denn egal, was wir tun, ob wir etwas denken, sagen oder tun, wir manipulieren ständig die Welt um uns herum. Jeden Tag! Das Kind manipuliert die Eltern, die Eltern das Kind, der Chef seine Mitarbeiter und die Mitarbeiter den Chef. Denn mit jedem Gedanken, jedem Wort und jeder Handlung wollen wir etwas erreichen. Solange wir leben, manipulieren und beeinflussen wir unsere Umgebung. Das ist vollkommen natürlich. Erst wenn wir sterben, hören wir damit auf. Die Frage ist doch vielmehr, mit welcher Intention tun wir es? Geschieht es zum Wohle der Beteiligten oder aus purem Eigennutz? Wenn wir

Manipulation ausschließlich zu unserem Eigennutz einsetzen, wird sie auch nicht wirklich funktionieren.

Bis zum heutigen Tage haben Sie alles um sich herum manipuliert! Nur unbewusst. Und leider viel zu oft in die verkehrte Richtung. Kein Wunder, dass Sie öfter das Gegenteil von dem erreicht haben, was Sie eigentlich wollten. Wird es nicht Zeit, dass Sie es einmal andersherum probieren und ganz bewusst Ihre Ziele ansteuern?

1. Der Elevator-Pitch

Der sogenannte Elevator-Pitch kommt aus Amerika. Elevator heißt zu Deutsch Aufzug. Die Elevator-Pitch-Methode hat zum Ziel, innerhalb einer sehr kurzen Zeitspanne, nämlich während einer Aufzugfahrt, das Interesse des Gegenübers zu wecken und sich ihm als Person einzuprägen. Der Elevator-Pitch sollte nicht länger als 30 Sekunden dauern, er muss also gut vorbereitet werden. Am besten man verfügt über gleich mehrere Versionen für unterschiedliche Situationen. Und es ist hilfreich, sie vorher zu proben.

Die Anwendungsgebiete des Elevator-Pitchs sind vielfältig. Sie reichen von der eigenen Vorstellung bei einem Fremden über die Anbahnung eines Verkaufsgesprächs bis zur Einleitung eines Gesprächs auf einer Party. Jeder Elevator-Pitch hat eine klare Struktur. Um diese etwas näher zu erläutern, betrachten wir einfach einmal den folgenden Dialog (GP = Gesprächspartner, EP = ‚Elevatorpitcher'):

Sie sind auf einer Veranstaltung und plötzlich fragt Sie jemand nach Ihrem Beruf …

GP: Darf ich fragen, was Sie beruflich machen?

EP: Kennen Sie Menschen, die über Rückenschmerzen klagen? (Pause ...)

GP: Ja.

EP: Neulich kam ein Mann in meine Praxis, den jahrelange Rückenschmerzen plagten. Nach zwei Sitzungen war er schmerzfrei. Ich arbeite mit einer neuen Technik, um Menschen von Rückenproblemen und anderen Symptomen zu befreien. Mit anderen Worten: Ich bin ein Therapeut, der selbst bei zum Teil hoffnungslos scheinenden Fällen große Erfolge erzielt.

Lassen Sie mich raten, Ihre Antwort wäre vermutlich die Nennung Ihrer Berufsbezeichnung gewesen. In unserem Fall also: „Ich bin Therapeut." Habe ich recht? Doch damit hätte sich der Therapeut in unserem Dialogbeispiel die Möglichkeit genommen, einen bleibenden Eindruck zu hinterlassen. Was ist also passiert? Der Elevator-Pitch ist eigentlich eine Verkaufstechnik. Im Pitch versucht man, wie bereits gesagt, innerhalb von wenigen Sekunden das Interesse des Gesprächspartners zu wecken. Klingt schwierig? Das ist einfacher, als Sie im Moment noch vermuten. Ich zeige es Ihnen:

1. *Anstatt eine typische Antwort zu geben, beginnen Sie Ihrerseits mit einer Frage!*

Die Frage sollte nach Möglichkeit mit einem „Ja" beantwortet werden können, wobei Sie die Antwort je nach Situation auch überspringen können. Wählen Sie in jedem Fall den Bezug zu etwas Emotionalem (z. B. Schmerzen oder große Freude). Wenn Ihr

Gesprächspartner die angedeutete Erfahrung – bisher zumindest – nicht selbst gemacht haben sollte, sollte ihm das Thema zumindest von anderen Menschen her bekannt sein.

2. *Legen Sie eine bedeutungsvolle Pause ein.*

Diese Pause sollte merklich dauern. Mindestens eine Sekunde. Manchmal sogar zwei bis drei Sekunden. Sie hat den Zweck, den Gesprächsteilnehmer nach vergangenen Ereignissen suchen zu lassen und emotional daran anzuknüpfen. So wird Ihr Gesprächspartner auf der Gefühlsebene auf das Kommende vorbereitet.

3. *Beschreiben Sie, was gerade sie so besonders macht.*

Jetzt sollten Sie verstärkt auf Ihre Worte achten. Definieren Sie, was Sie anders machen als andere. Möglichst emotional. Starten Sie mit einem kurzen Beispiel, das sich in zwei bis drei Sätzen erläutern lässt. Vermeiden Sie Details. Alles, anhand dessen Sie Ihr Gesprächspartner in eine Schublade einsortieren könnte (wie z. B. Ihre Berufsbezeichnung), nennen Sie, wenn überhaupt, erst ganz am Schluss.

4. *Warten Sie auf die Reaktion.*

Nur Mut! In 90 Prozent der Fälle entwickelt sich aus Ihrer Vorstellung ein angeregtes Gespräch. Die häufigsten Reaktionen sind:

- Ihr Gegenüber interessiert sich für die Details.
- „Funktioniert das auch in meinem Fall?“
- Sie werden nach Ihrer Adresse und Telefonnummer gefragt.

- Ihr Gegenüber wechselt das Thema, wobei diese Reaktion sehr selten eintrifft.

Was ist der Zweck der Elevator-Pitch-Methode und warum funktioniert sie?

Wenn Sie nur eine unspektakuläre Berufsbezeichnung nennen, wandern Sie schnurstracks in die dafür vorgesehene Schublade. Ihr Gesprächspartner legt Sie nämlich unter seinen jeweiligen ‚Referenzen' dafür ab. Sie sind den positiven oder negativen Erfahrungen Ihres Gegenübers förmlich ausgeliefert. Mit dem Elevator-Pitch erzeugen Sie völlig neue Referenzen. Durch Anwendung dieser Technik haben sich schon viele erfolgreiche Verkaufsgespräche oder Geschäftskontakte entwickelt.

Warum muss ich am Anfang eine Frage stellen?

Die Eingangsfrage bindet Ihr Gegenüber sofort an das Gespräch. Oft ist die Frage nach dem Beruf nur eine Höflichkeitsfloskel und der andere hört sowieso kaum hin, wenn sie antworten. Mit einer Gegenfrage erregt man jedoch die Aufmerksamkeit seines Gesprächspartners, der andere kann nicht mehr passiv sein. Mit anderen Worten, Sie verschaffen sich seine Aufmerksamkeit und involvieren ihn in das Thema. Nicht nur rein sachlich, sondern auch emotional. Er ist mit seinen Gefühlen direkt ganz bei der Sache.

Keine Details. Warum?

Dadurch lässt sich schnell prüfen, ob wirkliches Interesse besteht. Sobald Ihr Gesprächspartner mehr wissen möchte, muss er nachfragen. Widerstehen Sie also der Versuchung, Monologe zu halten, wodurch sich Ihr Gesprächspartner im Übrigen auch belehrt fühlen könnte. Geben Sie ihm stattdessen die Möglichkeit, im Gespräch zu bleiben.

Ein Tipp für die Selbstständigen und Verkäufer unter Ihnen

Falls Ihr Gegenüber an Ihrer Broschüre oder Visitenkarte interessiert ist, geben Sie diese nicht einfach so heraus! Fragen Sie lieber nach den Kontaktdaten Ihres Gesprächspartners. Erstens kommt es häufig vor, dass Leute es einfach vergessen, Sie später tatsächlich anzurufen. Und zweitens können Sie den Zeitpunkt des Gespräches bestimmen, wodurch Sie klar im Vorteil sind. Besonders Selbstständigen empfehle ich, für verschiedene Produkte, Anlässe und Zielgruppen verschiedene Elevator-Pitch-Muster zu entwerfen und vorab zu testen.

Machen Sie sich also vor jedem Gespräch Folgendes klar: Was sind meine generellen Ziele? Mit welchem konkreten Ziel gehe ich in dieses Gespräch? Was will ich damit genau erreichen? Und nicht zuletzt: Was bringt das Erreichen meines Ziels meinem Gesprächspartner? Bedauerlicherweise denken viele meist nur an die eigenen Ziele.

Elevator-Pitch im Privatleben

„Ich habe Schwierigkeiten, fremde Menschen anzusprechen. Wie kann ich den Elevator-Pitch einsetzen, um bei einer Party neue Leute kennenzulernen?“ Genau auf die gleiche Art. Wir wollen nämlich immer etwas verkaufen, auch wenn der Gegenwert kein Geld ist! Sei es uns selbst, wenn wir einen neuen Partner suchen, sei es, wenn wir unserer Familie den Urlaubsort schmackhaft machen möchten, unsere Kinder überzeugen wollen, dass sie endlich ihre Schulaufgaben machen sollen oder eben auch dann, wenn wir neue Freundschaften schließen.

Die Schritte sind immer dieselben. Zunächst überlegen Sie, um welches Thema es geht, und machen sich Ihr persönliches Ziel klar, das Sie erreichen möchten. Dann folgen die emotional gefärbten Fragen, die Sie im richtigen Moment stellen. Am erfolgreichsten werden Sie wohl mit einer provokativen Frage sein. Eine solche erzeugt am schnellsten Aufmerksamkeit und Interesse. Oder wählen Sie etwas Aktuelles, bezüglich dessen Ihr Gesprächspartner noch gut emotionale Erinnerungen abrufen kann. Zum Beispiel den letzten Urlaub. Danach ergibt sich das Gespräch oft wie von selbst.

Als Übung beobachten Sie die nächsten Tage, wie oft Sie den Elevator-Pitch in Ihrem Alltag finden. Bei sich selbst oder bei anderen. Setzen Sie diese oder ähnliche Techniken vielleicht bereits unbewusst ein?

2. Fragen stellen statt Rat geben

Wie fühlen Sie sich, wenn Sie einen Rat bekommen? Reagieren Sie ablehnend, sobald Ihnen gesagt wird, was Sie zu tun und zu lassen haben? Ich verrate Ihnen, so geht es fast allen. Wir möchten nämlich immer das Gefühl haben, uns vollkommen frei für eine Sache entscheiden zu können. Und bekanntlich kann man ja auch niemanden zu seinem Glück zwingen. Geben wir den Menschen doch einfach die Möglichkeit, sich selbst zu entscheiden und helfen ihnen lediglich dabei.

Eine der effektivsten Methoden ist die Verwendung von Fragen. Gute Einstiegsfragen sind zum Beispiel: „Hast Du schon mal was davon gehört?“ oder „Was hältst du von der Sache?“ Sie sind unverfänglich, weil

Sie damit keinerlei spezifische positive oder negative Haltung bekannt geben. Sie zeigen schließlich nur Interesse und fragen Ihren Gesprächspartner nach seiner Meinung. Je nachdem, wie die Reaktion ausfällt, können Sie das Gespräch dann ganz entspannt steuern.

Versuchen Sie hingegen, von Beginn an Ihre Meinung durchzusetzen, engen sich die Optionen für Ihr Gegenüber ein. Was bleibt Ihrem Gesprächspartner dann noch für eine Wahl? Richtig. Er sieht sich herausgefordert und wird unmittelbar dagegenhalten. Sobald wir absolute Aussagen treffen, stehen auch wir selbst mit dem Rücken zur Wand. Wir verlieren unsere Bewegungsfreiheit und am Ende das gute Einvernehmen mit unserem Gesprächspartner. In vielen Fällen führt ein solches Verhalten zum Ende von Freundschaften oder auch zu Missstimmungen in der Familie. Vermeiden Sie es also, jemandem Ihre Meinung um jeden Preis aufzudrängen. Außer natürlich, Sie nehmen den entsprechenden Preis dafür in Kauf.

3. Provokation des Gegenteils

Kennen Sie einen Menschen, der immerzu den Drang verspürt, dagegenzuhalten? Egal was man sagt, vorschlägt oder tut, diese Person scheint alles abzulehnen? Gehören Sie vielleicht selbst zu dieser Gruppe? Nein? Das lässt sich immer nur bei anderen beobachten, stimmt's? Falls Sie zu der Einsicht gelangen, dass Sie vielleicht doch zu diesem Personenkreis gehören, dann kennen Sie vermutlich auch die Gründe für Ihr Reaktionsmuster. Höre ich da etwa ein zögerliches „Ja“? Na, dann gratuliere ich Ihnen, denn Sie haben die Ursachen für Ihr Verhalten bereits erforscht oder sind vielleicht sogar offen dafür, ihnen noch deutlicher auf den Grund zu gehen. Zum einen können sie in Ihrer Charakterstruktur (s. Kapitel 4) begründet sein. Ebenso können aber auch unbewusste Ursachen (s. Kapitel 7) eine Rolle spielen.

Ein solches Verhalten nervt einfach ungemein. Gäbe es doch nur ein Mittel gegen diese ewigen Neinsager! Wäre das nicht sensationell? Nun, dieses Mittel gibt es! Wir wenden es sogar an, nur meistens völlig unbewusst. Lassen Sie uns dieses Mittel ‚Provokation des Gegenteils' nennen. Und dieses Spiel mag Ihnen bekannt vorkommen. Wissen Sie schon woher? Richtig, aus Ihrer Kindheit. Wie haben Sie reagiert wenn Ihre Eltern Ihnen Ihr Lieblingsspielzeug nahmen? Oder wenn Ihnen etwas verboten wurde? Genau das wollten Sie haben! Das und nichts anderes! Dass es monatelang zuvor im Schrank lag und Sie sich kein bisschen dafür interessierten, tat in dem Moment nichts zur Sache! Erst, als man es Ihnen nehmen wollte, wurde es interessant!

Bei Erwachsenen funktioniert es genauso. Glauben Sie mir nicht? Wir fallen doch fast alle auf die Masche herein, wenn es wieder heißt: „Dieses Angebot gilt nur noch drei Tage!", „Rufen Sie jetzt an!" oder „Es sind nur noch zwei Plätze frei!" usw. Kommt Ihnen das bekannt vor? Es ist das Mittel der künstlichen Verknappung, das häufig in der Werbung genutzt wird. In dem Moment, wo das Angebot zeitlich oder mengenmäßig begrenzt ist, um eine Knappheit zu suggerieren, wird der Käufer zum Handeln bewegt. Haben Sie etwa noch nie bei einem solchen vermeintlichen Schnäppchen zugeschlagen? Sehen Sie, wie leicht das funktioniert?

Warum sollten wir das gleiche Instrument also nicht auch in der Kommunikation einsetzen? Dort wirkt es noch viel mächtiger. Vielleicht aber ein wenig zu mächtig für Sie. Ehrlich gesagt bin ich mir nicht so ganz sicher, ob jemand, der mein Buch liest, das alles verstehen und richtig umsetzen kann. Vielleicht sollte ich Ihnen doch lieber nicht zu viel verraten …

Das war natürlich nur ein kleiner Scherz! Ich hoffe, ich habe Sie damit nicht allzu sehr verärgert! Vermutlich überkam Sie unmittelbar der Gedanke: „Was bildet der sich eigentlich ein, mich so zu beleidigen?“ Dann lesen Sie sich kurz die folgenden Sätze durch. Vermutlich haben Sie diese oder ähnliche Aussagen schon einmal gehört:

Ich glaube, das interessiert dich eh nicht.
Ich bin nicht sicher, ob du das verstehst.
Ich bin nicht sicher, ob das in dein Weltbild passt.
Ich denke, das würdest du sowieso nicht glauben.
Ich glaube, du bist noch nicht soweit.
Ich glaube, Männer verstehen das nicht.
Ich glaube, Frauen verstehen das nicht.

Warum reagiert man eigentlich auf solche Äußerungen direkt mit Protest? Überlegen Sie kurz. Wer solche Aussagen tätigt, der äußert lediglich, was er glaubt; um eine Tatsache handelt es sich deshalb noch lange nicht!

Trotzdem fühlt man sich in seinem Rang herabgesetzt. Man vermisst die Anerkennung der eigenen Person. Und natürlich will man wissen, worum es geht. Was kann ich denn bitte angeblich nicht verstehen? So etwas können Sie ja nicht einfach so auf sich sitzen lassen! Keiner mag das Gefühl, aus einer Art ‚Wissensgemeinschaft‘ ausgeschlossen zu werden und schon gar nicht ‚für dumm verkauft zu werden‘. Und genau das ist die zu erwartende und auch gewünschte Reaktion. Die überwiegende Mehrheit wird umso wissbegieriger, je größer das Geheimnis ist. Um Neugierde zu wecken, muss die Sache allerdings auch für eine Weile ein Geheimnis bleiben!

Machen Sie sich die Provokation zunutze und schauen Sie sich die Beispiele noch einmal in Ruhe an, ohne den anfänglichen Ärger.

Geheimnisse erregen Neugierde!

Stellen Sie sich vor, Sie waren bei einem interessanten Vortrag über Beziehungen. Nun befürchten Sie, das Thema könne bei Ihrem Partner auf Ablehnung stoßen. Zu Hause angekommen, folgt auch schon die Frage: „Wo warst Du?" Würden Sie jetzt erzählen, wo Sie waren, würde ihr Partner vermutlich mit Häme reagieren. Das haben Sie nicht verdient? Ganz genau! Auf die obligatorische Frage, wo Sie gewesen sind, könnte Ihre Antwort stattdessen folgendermaßen lauten: „Ich war bei einem interessanten Vortrag und habe viel über mich und dich gelernt. Aber ich glaube, dass du für dieses Thema nicht bereit bist. Ich erspare dir lieber die Details." Oder etwas weniger provokant: „Ich habe viel über uns gelernt, aber mein Seminarleiter meinte, wir sollten uns überlegen, wem wir die Details erzählen, weil die meisten Menschen noch nicht damit umgehen können." Wie sehr werden diese beiden Sätze die Wissbegierde Ihres Partners steigern? Ich wette darauf, dass er die Sache nicht auf sich beruhen lassen kann.

Zwei Wochen später. Nun gut, das Gespräch wurde schon zigfach auf das fragliche Thema gelenkt und schließlich erbarmen Sie sich … Sie berichten, was Sie erlebt haben. Nun gibt es zwei Möglichkeiten. Entweder Ihr Partner reagiert tatsächlich negativ auf die Sache und lehnt sie ab, wodurch Sie mit Ihrer Annahme richtig lagen. Schließlich wussten Sie ja bereits im Vorfeld, dass es nichts für ihn ist. Oder er sagt, dass ihn das Thema sehr wohl interessiert und Sie mit Ihrer Einschätzung völlig falsch lagen. Womit Sie Ihr Ziel erreicht hätten!

Zwei Dinge waren notwendig. Erstens die Provokation und zweitens Ihre Geduld. In unserem Beispiel mussten Sie Ihren Partner nur ein wenig zappeln lassen und schon hatten Sie ihn genau da, wo Sie ihn haben wollten. Strategisch gesehen, haben Sie ihn durch die Vorwegnahme seiner Reaktion in eine Zwickmühle gebracht. Sein Ziel war es, aus welchen Gründen auch immer, unabhängig von der eigentlichen Sache erst einmal Kontra zu geben. Doch seien Sie bitte gnädig! Wie ich Ihnen in den vorherigen Kapiteln bereits erklärt habe, dreht es sich in den seltensten Fällen um die Sache selbst. Meist geht es um Statusgeschichten und andere Beziehungskonflikte.

Fazit: Um den Provozierenden ins Unrecht zu setzen, zeigt der Provozierte fast immer Interesse und kann somit sein Gesicht wahren!

Tipps zur Anwendung: Diese Technik lässt sich in vielen Situationen einsetzen, auch im Produktvertrieb. Und speziell im Network-Marketing können Sie damit anfängliches Interesse wecken. Dabei reichen meist stark abgeschwächte Formen aus, wie zum Beispiel: „Ich habe hier eine ganz tolle Sache kennengelernt, aber sie wird nur im Network vertrieben!“ oder „Ich habe etwas Tolles kennengelernt, aber ich möchte Dir nichts aufschwätzen!“

Richtig eingesetzt, kann diese Technik manchmal Wunder bewirken. Doch auch hier kommt es auf die Dosierung an. Sobald das Prinzip einmal durchschaut ist, verliert es seine Wirksamkeit.

Achtung: Wenden Sie die Methode der Provokation niemals in einer Gruppe an, sondern nur im persönlichen Gespräch! Es könnte passieren, dass sich die ganze Gruppe gegen Sie wendet!

4. Durch Dritte sprechen

Eine sehr starke Technik ist es auch, ‚durch Dritte zu sprechen'. Zwar geben Sie lediglich die Meinung anderer Personen wieder oder beziehen sich auf diese, doch die Wirkung ist unglaublich. Da viele Menschen Glaubenssätze haben wie „Eigenlob stinkt" oder „Der will nur Geld verdienen", lobt man sich ja meist lieber nicht selbst, sondern beruft sich auf das Lob Dritter. Und diesen im Grunde ganz banalen ‚Trick' macht sich natürlich auch die Werbeindustrie zunutze! Ein sehr wirkungsvolles werbestrategisches Mittel sind deshalb zum Beispiel sogenannte Testimonials, also gedruckte oder zitierte Aussagen von Kunden, die das angepriesene Produkt oder die neue Methode bereits erfolgreich ausprobiert haben.

In der Regel sind diese Aussagen natürlich extrem positiv. Klar. Wer veröffentlicht schon gerne eine schlechte Meinung? Jeder versucht, sich im besten Licht darzustellen.Deshalb stammen viele Testimonials von bekannten Persönlichkeiten. Besonders auffällig ist das bei Markenartikeln. Die Aussagen gibt es natürlich nicht umsonst. Testimonials werden einfach eingekauft. Ganz offensichtlich ist das, wenn unsere Stars für Produkte werben. Es ist doch wohl jedem klar, dass hier jeweils ein sehr hoher Geldbetrag über den Tisch ging. Die werbende Person muss das Produkt nicht einmal selbst benutzt haben oder gar befürworten. Die Aussagen stammen ganz einfach von Werbeprofis und die Stars plappern es nach. Daraus wird auch noch nicht einmal ein Geheimnis gemacht.

Aber warum der ganze Aufwand? Der Grund ist, dass wir uns unbewusst mit diesen Menschen identifizieren wollen und können. Es klingt vielleicht etwas komisch, aber wir möchten so sein wie sie. Und dies können wir (scheinbar), indem wir die von Ihnen empfohlenen Produkte ebenfalls benutzen. Zudem erzielen bekannte Persönlichkeiten einen hohen Aufmerksamkeitsfaktor. Der Zuschauer sieht die Werbung tatsächlich an und zappt nicht sofort auf den nächsten Sender.

Sie werden sich für Ihre Eigenwerbung vermutlich keinen George Clooney oder Boris Becker leisten wollen. Sie brauchen aber auch nicht zu ‚billigen' Schauspielern greifen, es geht viel einfacher. Nehmen Sie sich die Medien zur Hilfe. Sie können sich auf einen Zeitungsartikel oder eine Fernsehsendung beziehen, die Ihr Thema vielleicht bereits behandelt haben, und fragen, ob Ihr Gesprächspartner schon einmal etwas davon gehört hat. Diese Technik funktioniert außerdem hervorragend, wenn Sie ein bestimmtes Buch als Instrument einsetzen. Fragen Sie einfach: „Hast du das Buch xy schon gelesen? Mich würde deine Meinung interessieren." Was tun Sie, wenn Sie kein entsprechendes Schriftstück oder eine Fernsehsendung als Beleg angeben können? Dann beziehen Sie sich auf einen Bekannten oder Arbeitskollegen, der nicht namentlich genannt wird. Oder ganz einfach: „Neulich habe ich gehört ...".

Diese Vorgehensweise bietet viele Vorteile:

1. Sie bringen sich selbst aus der Schusslinie. Jemand anderes hat die Meinung geäußert – nicht Sie! In dem Moment, wo kein Konsens besteht, wird die Meinung der dritten Person angegriffen – nicht Sie!
2. Sie fragen gezielt nach der Meinung Ihres Gesprächspartners. Dieser muss Farbe bekennen.
3. Sie geben keinen Rat, sondern lassen sich (scheinbar) selbst beraten. Entweder besteht

schon eine entsprechend vorgefasste Meinung oder der Gesprächspartner zeigt sich dem Thema offen gegenüber.

4. Durch das Fragen erhöhen Sie den Status Ihres Gesprächspartners. Dies reduziert den Einfluss von unausgesprochenen und unbewussten emotionalen Konflikten erheblich – speziell im Familien- und Kollegenkontext.
5. Sie können sich jederzeit aus dem Gespräch zurückziehen, ohne in einen Konflikt zu geraten. Dies ist im Beziehungskontext unter Kollegen und in der Verwandtschaft wichtig, wenn Sie es sich bei emotionalen Themen nicht mit der betreffenden Person verscherzen möchten.
6. Die Meinung anderer zählt oft mehr als die eigene. Die dritte Person dient damit automatisch als Verstärker. Wenn viele davon sprechen oder die Sache sogar von der Presse zitiert wurde, dann kann sie ja nicht so verkehrt sein …

Besonders stark wirkt diese Technik, wenn Sie schon wissen, dass die dritte Person ‚in positiver Resonanz' zum Gesprächspartner steht. Sollte Ihr Gesprächspartner ein Fan von einer bestimmten Autorität sein, dann hat ein entsprechendes Zitat natürlich einen besonders hohen Stellenwert.

5. Die Interessenlage testen

In der Regel möchten wir die Beziehung zu unseren Gesprächspartnern auf keinen Fall belasten. Dies gilt insbesondere bei Verwandtschaftsbeziehungen und im Freundeskreis, aber auch in der Firma im Umgang mit Kollegen und Vorgesetzten sowie unseren Kunden. Daher empfiehlt es sich, zunächst immer erst die Interessenlage des Gesprächspartners zu testen.

Natürlich können Sie Ihren Gesprächspartner nicht zu Beginn einen Fragebogen ausfüllen lassen. Nein. Das muss natürlich viel subtiler, am besten im Gespräch geschehen und hängt immer auch vom Thema ab. Sie können auch eine offene Frage stellen wie zum Beispiel: „Kennen Sie sich mit … (dieser oder jener Sache) aus?" Neben dem direkten Fragen hilft es selbstredend auch, sich über Dritte Informationen über ihren Gesprächspartner einzuholen. Besonders zur Vorbereitung von Kundengesprächen lohnt es sich also, vorab ein wenig zu recherchieren.

Schlusswort

Mit diesem Buch wollte ich Ihnen aufzeigen, von welchen unbewussten Faktoren Sie beim Kommunizieren beeinflusst werden. Es ist klar, dass ich die meisten Dinge nur an der Oberfläche ankratzen konnte. Dennoch habe ich mich sehr bemüht, Ihnen eine konkrete Vorstellung zu vermitteln, und hoffe, dass ich mit dem Inhalt genügend Verwirrung ausgelöst habe, um Ihr Interesse zu steigern. Vielleicht sind Sie aber jetzt so verwirrt, dass Sie gar nicht wissen, was Sie von dem Ganzen halten sollen. Nun ja, so viele Möglichkeiten gibt es da ja eigentlich gar nicht. Sie können jetzt sagen:

- Ich glaube das alles nicht und vergesse es schnell wieder.
- Die Sache mit den Beziehungen und den Charakterstrukturen leuchtet mir schon ein und ich werde das in Zukunft berücksichtigen. Zumindest brauche ich nicht mehr so frustriert sein, wenn es mit der ein oder anderen Person nicht so klappt, wie ich es mir vorstelle. Es liegt eben doch nicht alles an mir. Toll, ich habe eine weitere Ausrede gefunden ...
- Dass die Beziehungen zwischen Gesprächspartnern und unsere Charakterstrukturen auch unsere Kommunikation beeinflussen, leuchtet mir nicht nur ein, ich werde es auch aktiv berücksichtigen, indem ich die Tipps aus Kapitel 9 anwende. Mit den Energiefeldern und Gedanken, die außerhalb meines Körpers wirken, kann ich jedoch nicht so viel anfangen.
- Ich finde das alles sehr spannend und möchte dem Ganzen auf den Grund gehen. Also

werde ich mir eines der empfohlenen Bücher kaufen und mich ausführlicher mit der Materie auseinandersetzen.
- Für mich ist das alles nachvollziehbar. Ich habe erkannt, dass ich nicht nur mein bewusstes Kommunikationsverhalten diesem neuen Wissen anpassen, sondern auch meine ‚Programmierung', meine Glaubenssätze im Unterbewusstsein verändern sollte, um mein Leben leichter zu gestalten.

Sollten Sie sich zur letzten Gruppe zählen, gibt es natürlich zahlreiche Angebote in Form von Vorträgen und Seminaren. Die beste Möglichkeit ist wohl, erst einmal zu einem Vortrag zu gehen, bevor Sie ein Seminar besuchen.

Es ist egal, welche Konsequenzen Sie aus dem Gelesenen ziehen, eines sollten Sie jedoch in jedem Fall mitnehmen. Es hängt nicht alles von uns selbst ab und das meiste in unserem menschlichen Miteinander geschieht sogar unbewusst. Wir sollten uns also weder selbst noch andere für ihr Handeln verurteilen. Allein diese Erkenntnis wird die Frustration und den Stress, den der eine oder die andere in der Familie, im Beruf oder anderen Lebensbereichen hat, reduzieren. Wenn ich das erreicht haben sollte, würde ich mich sehr freuen.

Weiterführende Literatur

Borwin Bandelow, Das Angstbuch, rororo, 2007

Joachim Bauer, Das Gedächtnis des Körpers, Piper, 14. Aufl. 2009

Joel Bauer, Mark Levy, How to persuade people, who don't want to be persuaded, Wiley, 2004

Roland Bäurle, Körpertypen Vom Typentrauma zum Traumtypen, Simon & Leutner 1988

Richard Bartlett, Matrix Energetics, VAK, 2008

Becker, Selden, The Body Electric, Morrow and Company, 1985

Sharon Begley, Neue Gedanken – Neues Gehirn, Goldmann, 2007

Vera F. Birkenbihl, Kommunikationstraining, mvg, 32. Aufl. 2011

Marco Bischof, Biophotonen: Das Licht in unseren Zellen, Zweitausendeins, 12 Aufl. 2002

Fritof Capra, Das Tao der Physik, Scherz, 1993

Steve DeMasco, The Shaolin Way, HarperCollins, 2005

Wayne W. Dyer, The Power of Intention, Hay House, 2004

R. Dietrich, Analytische Bioenergetik, Verlag Dietrich

Dr. Joe Dispenza, Schöpfer der Wirklichkeit, Koha, 2007

David Eagleman, Inkognito Die geheimen Eigenleben unseres Gehirns, Campus, 2012

Donna Eden, Energy Medicine, Tarcher & Putnam, 1998

Gabriele Eckert, Wenn Fische fliegen ..., WeiterSein, 2010

Paul Ekman, Emotions Revealed, Henry Holt & Company LCC, 2003

Grazyna Fosar, Franz Bludorf, Der Geist hat keine Firewall, Lotos, 2009

Grazyna Fosar, Franz Bludorf, Vernetzte Intelligenz, Omega, 2001

Thomas und Irene Frei, Das Lebensspiel: Die Regeln verstehen, anwenden und gewinnen, Arkanan 2011

Wolfgang Frindte, Kommunikationspsychologie, Beltz, 2001

Richard Gerber, Vibrational Medicine, Bear & Company, 2001

Amit Goswami, The Self-Aware Universe, Tarcher Penguin, 1993

Brian Greene, Das elegante Universum, Goldmann, 2006

Jürgen Höller, Sprenge deine Grenzen, Wiley, 2010

Hüther, Bedienungsanleitung für ein menschliches Gehirn, Vampenhoeck & Ruprecht, 2009

Ashida Kim, Ninja Mind Control, Sensei Verlag

Frank Kinslow, Quanten Heilung, VAK, 2009

Bruno Klumpp, So steuern Sie Ihr Gehirn zu besseren Leistungen, Econ 1992

Natalie Knapp, Der Quantensprung des Denkens, rororo 2011

Dagmar Kumbier, Sie sagt, er sagt, rororo, 2006

Alexander Lowen, Bioenergetik, rororo, 2008

Alexander Lowen, Bioenergetik für jeden, Kirchheim 2010

Art Martin, Your Body is talking; Are you listening?, Personal Transformation Press, 1997

Joseph McMoneagle, The Stargate Chronicles, Hampton Roads, 2002

Joseph McMoneagle, Remote Viewing Secrets, Hampton Roads, 2000

Lynne McTaggart, The Field, Quill, 2002

Samy Molcho, Körpersprache, Goldmann, 21. Aufl. 1998

Joseph O'Connor, John Seymour, Neurolinguistisches Programmieren: Gelungene Kommunikation und persönliche Entfaltung, VAK, 1992

John M. Oldham, Lois B. Morris, Ihr Persönlichkeitsportrait, Klotz, 2010

Rudolf Passian, Der verhängnisvollste Irrtum unserer Zeit, Amadeus 2011

Candace B. Pert, Molecules of Emotion, Schribner, 1997

Marlin S. Potash, So habe ich's doch nicht gemeint, ECON, 1992

Dean Radin, The Conscious Universe, HarperCollins 1997

W. Reich, Charakteranalyse, Kiepenheuer & Witch, 1989

Tim Rifat, Remote Viewing and Sensing for Managers, Vision Paperbacks, 2003

Anthony Robbins, Awaken the Giant within, Simon & Schuster, 1991

Anthony Robbins, Grenzenlose Energie Das Power Prinzip, Heyne, 1991

Diana Rowland, Japan Knigge für Manager, Campus, 1993

Rupert Sheldrake, Der siebte Sinn des Menschen, Scherz, 2003

Bernd Senf, Die Wiederentdeckung des Lebendigen, Omega 2003

Thomas Schäfer, Was die Seele krank macht und was sie heilt, Knaur, 1997

Jacob Robert Schneider, Das Familienstellen, Carl-Auer, 2006

Schulz von Thun, Ruppel und Stratmann, Miteinander Reden, rororo, 11. Aufl. 2010

Jose Silva, Philip Miele, Silva Mind Control, Heyne, 1977

Wolf Singer, Matthieu Ricard, Hirnforschung und Meditation. Ein Dialog., Suhrkamp, 2008

Manfred Spitzer, Wulf Bertram, Hirnforschung für Neu(ro) gierige, Schattauer, 2010

Robert B. Stone, Der Weg zu Silva Mind, Heyne, 1992

Villoldo, Perlmutter, Das Erleuchtete Gehirn, Goldmann, 2011

Klaus Volkamer, Feinstoffliche Erweiterung unseres Weltbildes, Weißensee, 2008

Ulrich Warnke, Quanten Philosophie und Spiritualität, Scorpio, 2011

Watzlawick, Beavin und Jackson, Menschliche Kommunikation, Huber, 12. Aufl. 2011

Weber, Schmidt und Simon, Aufstellungsarbeit revisited, Carl-Auer, 2005

Gerhard Wisnewski, verheimlicht, vertuscht, vergessen, Jahrbücher 2010, 2011, Knaur

Anto Zeilinger, Einsteins Spuk, Goldmann, 2007

Wenn Fische Fliegen

Die Chinesische Quantum Methode

Gabriele Eckert
Wenn Fische fliegen
Verlag WeiterSein
ISBN 978-3-942534-00-0
Hardcover
Euro (D) 16,95

Für unseren Computer tun wir alles, um ihn vor Viren, Trojanern und Co. zu schützen. Und uns selbst? Gibt es auch im „Betriebssystem Mensch" Viren, die uns davon abhalten, das Leben zu leben, das wir leben wollen?

Die Chinesische Quantum Methode (CQM) ist eine Methode, die jeder lernen kann, um diese Viren aufzuspüren und sie zu neutralisieren. Sie ist der Weg zu einem bewussteren Leben und zu einem leichteren Sein, in dem wir die Dinge erreichen, die wir erreichen wollen, und die Potenziale nutzen, die uns das Leben geschenkt hat.

In diesem Buch erzählt die Begründerin von CQM, wie sie die Methode entdeckte und was sie und andere mit ihr erlebten.

Weil die Seele sich freut

Geschichten aus der Welt der Chinesischen Quantum Methode

Gabriele Eckert
Weil die Seele sich freut
Verlag WeiterSein
ISBN 978-3-942534-02-4
Hardcover
Euro (D) 6,95
Erscheinungstermin:
Juni 2012

In über 1000 Veranstaltungen hat Gabriele Eckert erstaunliche und oft an Wunder grenzende Veränderungen erlebt. Um auch Sie an den Resultaten der Chinesischen Quantum Methode teilhaben zu lassen und Ihnen eine Vorstellung von den Möglichkeiten dieser Methode zu vermitteln, hat die Begründerin von CQM einige der schönsten und emotionalsten Geschichten in diesem kleinen Büchlein zusammengefasst.

Die spannenden Erzählungen beruhen alle auf wahren Begebenheiten und zeigen einen kleinen Einblick in das Leben und die Veränderungen einiger Personen, denen Gabriele Eckert in den letzten zehn Jahren begegnet ist.